A SUBVENÇÃO NO DIREITO ADMINISTRATIVO BRASILEIRO

RAFAEL VALIM

A SUBVENÇÃO NO DIREITO ADMINISTRATIVO BRASILEIRO

São Paulo

2015

CONTRACORRENTE

Copyright © EDITORA CONTRACORRENTE

Rua Dr. Cândido Espinheira, 560 | 3º andar
São Paulo – SP – Brasil | CEP 05004 000
www.editoracontracorrente.com.br
contato@editoracontracorrente.com.br

Editores

Camila Almeida Janela Valim
Gustavo Marinho de Carvalho
Rafael Valim

Conselho Editorial

Augusto Neves Dal Pozzo
(Pontifícia Universidade Católica de São Paulo – PUC/SP)

Daniel Wunder Hachem
(Universidade Federal do Paraná - UFPR)

Emerson Gabardo
(Universidade Federal do Paraná - UFPR)

Gilberto Bercovici
(Universidade de São Paulo - USP)

Heleno Taveira Torres
(Universidade de São Paulo - USP)

Jaime Rodríguez-Arana Muñoz
(Universidade de La Coruña – Espanha)

Pablo Ángel Gutiérrez Colantuono
(Universidade Nacional de Comahue – Argentina)

Pedro Serrano
(Pontifícia Universidade Católica de São Paulo – PUC/SP)

Silvio Luís Ferreira da Rocha
(Pontifícia Universidade Católica de São Paulo – PUC/SP)

Equipe editorial

Carolina Ressurreição (revisão)
Denise Dearo (design gráfico)
Mariela Santos Valim (capa)

Dados Internacionais de Catalogação na Publicação (CIP)
(Câmara Brasileira do Livro, SP, Brasil)

V172　　Valim, Rafael.

　　　　A subvenção no Direito Administrativo brasileiro | Rafael Valim – São Paulo, Editora
　　　Contracorrente, 2015.

　　　　ISBN: 978-85-69220-02-2

　　　　Inclui bibliografia

　　　　1. Direito Administrativo 2. Direito constitucional. 3. Direito público. 4. Direito
　　　Financeiro. 5. Política. 6. Fomento. 7. Atividades Administrativas. 8. Subvenção.
　　　I. Título.

CDU - 342.9

Impresso no Brasil
Printed in Brazil

"La subvention n'est pas un faveur (il n'y a pas de faveur
à faire avec les deniers publics)"
M. Tricot (Conclusions sous C.E. 29 janvier 1954 –
Institute Notre-Dame-du Kreisker)

Àqueles que, com ternura e leveza, conferiram novo sentido à minha existência e me permitiram comprender o verdadeiro significado da fraternidade e do amor:
Camila, João e Francisco

SUMÁRIO

PREFÁCIO – PROF. CELSO ANTÔNIO BANDEIRA DE MELLO 13

APRESENTAÇÃO – PROF. HELENO TAVEIRA TORRES ... 15

AGRADECIMENTOS 19

INTRODUÇÃO 23

CAPÍTULO I – AS ATIVIDADES ADMINISTRATIVAS À LUZ DA ORDEM CONSTITUCIONAL BRASILEIRA 27

1 A INDISPENSÁVEL LEITURA CONSTITUCIONAL DO DO TEMA 27

   1.1 O MODELO DE ESTADO PLASMADO NA CONSTITUIÇÃO DE 1988 27

   1.2 A IDEOLOGIA CONSTITUCIONAL 29

   1.3 DIREITO CONSTITUCIONAL E DIREITO ADMINISTRATIVO 34

      1.3.1 Princípio da subsidiariedade 35

2 PANORAMA DAS ATIVIDADES ADMINISTRATIVAS..... 40

   2.1 CLASSIFICAÇÃO E TIPIFICAÇÃO 41

   2.2 ESPÉCIES DE ATIVIDADES ADMINISTRATIVAS 43

3 APROXIMAÇÃO AO SIGNIFICADO DA ATIVIDADE DE FOMENTO 48

3.1 A FORMULAÇÃO CLÁSSICA DE LUIS JORDANA DE POZAS 49

3.2 TRAÇOS FUNDAMENTAIS DA ATIVIDADE DE FOMENTO 51

CAPÍTULO II – O FOMENTO NO DIREITO ADMINISTRATIVO BRASILEIRO 55

1 O CONCEITO DE FOMENTO 55

1.1 TERMOS DA DEFINIÇÃO 57

2 A DISCIPLINA CONSTITUCIONAL DA ATIVIDADE DE FOMENTO 59

2.1 PLANEJAMENTO E ATIVIDADE DE FOMENTO 62

3 MODALIDADES DE FOMENTO 63

4 APROXIMAÇÃO AO SIGNIFICADO DA SUBVENÇÃO ... 68

CAPÍTULO III – VISÃO JUSCOMPARATIVA DA SUBVENÇÃO 71

1 DIREITO ESPANHOL 71

2 DIREITO FRANCÊS 75

3 DIREITO ITALIANO 78

4 DIREITO ALEMÃO 80

5 DIREITO ARGENTINO 81

6 DIREITO CHILENO 82

CAPÍTULO IV – A SUBVENÇÃO NO DIREITO ADMINISTRATIVO BRASILEIRO 85

1 A RELAÇÃO ENTRE O DIREITO ADMINISTRATIVO E O DIREITO FINANCEIRO 85

A SUBVENÇÃO NO DIREITO ADMINISTRATIVO BRASILEIRO

2 CONCEITO DE SUBVENÇÃO 89

2.1 TERMOS DA DEFINIÇÃO 90

3 CATEGORIAS CONTÍGUAS 93

3.1 ISENÇÕES TRIBUTÁRIAS 93

3.2 SUBSÍDIOS 95

3.3 DOAÇÕES 97

3.4 PRÊMIOS 98

4 CLASSIFICAÇÕES DAS SUBVENÇÕES 100

5 PRINCÍPIOS JURÍDICOS REGENTES DA RELAÇÃO SUBVENCIONAL 102

5.1 PRINCÍPIO DA LEGALIDADE 102

5.2 PRINCÍPIO DA IGUALDADE 106

5.3 PRINCÍPIO DA PROPORCIONALIDADE 110

5.4 PRINCÍPIO DA MOTIVAÇÃO 112

5.5 PRINCÍPIO DA SEGURANÇA JURÍDICA 113

5.6 PRINCÍPIO DA PUBLICIDADE 115

5.7 PRINCÍPIO DA EFICIÊNCIA ADMINISTRATIVA 118

5.8 PRINCÍPIO DA REPARTIÇÃO DE RISCOS 119

5.9 PRINCÍPIO DA LAICIDADE DO ESTADO 121

5.10 PRINCÍPIO DA LIBERDADE DE ASSOCIAÇÃO 124

6 ANÁLISE DA RELAÇÃO SUBVENCIONAL 125

6.1 COMPETÊNCIA ADMINISTRATIVA 126

6.2 ATO ADMINISTRATIVO OU CONTRATO ADMINISTRATIVO? 129

6.3 PROCEDIMENTO ADMINISTRATIVO 130

6.4 ESTRUTURA DA RELAÇÃO JURÍDICA...................... 133

    6.4.1 Sujeito ativo.. 133

    6.4.2 Sujeito passivo.. 134

        6.4.2.1 Concessionário de serviço público ou parceiro privado... 136

    6.4.3 Conteúdo.. 141

        6.4.3.1 Situação jurídica do sujeito passivo................. 142

        6.4.3.2 Situação jurídica do sujeito ativo.................... 145

    6.4.4 Objeto 148

CONCLUSÕES 153

REFERÊNCIAS BIBLIOGRÁFICAS...................................... 161

PREFÁCIO

No trabalho que ora vem a lume, de fora parte as relevantes qualidades desta tese sobre "A Subvenção no Direito Administrativo Brasileiro", com a qual o ilustrado autor conquistou brilhantemente o título de doutor, deve ser ressaltado um mérito específico nela residente: o de haver versado uma questão ainda carente de reflexões doutrinárias entre nós. Dessarte, trata-se de uma valiosa contribuição para adensar o estudo de matéria que demandava aprofundamentos.

A marca do estudo em questão é a de haver adotado, como convinha, uma perspectiva inicial ampla, de maneira a propiciar ao leitor um enfoque teórico capaz de alocá-lo na intimidade do ramo jurídico em que o assunto viria a ser examinado. Somente depois disto é que o autor mergulha – e o faz com profundidade – no âmago do objeto central da tese.

Enquadrada a subvenção entre as atividades de fomento, cujo conceito é analisado ao lume de nosso direito constitucional e especificadas suas modalidades, o autor apresenta uma visão desta sua espécie, a subvenção, no direito comparado, para ao final dissecar-lhe a definição à vista do direito administrativo brasileiro, tratando ademais de apartar o instituto de figuras afins, com o que torna ainda mais saliente sua fisionomia própria.

Isto posto, recenseia as classificações doutrinárias e legais das subvenções, passando a apresentar, subseqüentemente, o que, aliás, é de suma importância, os princípios que presidem a criação, modificação e extinção da relação jurídica subvencional.

O que poderia parecer uma exposição árida, deixa de sê-lo em face das virtudes didáticas e da clareza enunciativa com que o autor atrai o interesse do leitor. É que, longe de ser um neófito, o professor Valim, que já dantes conquistara o título de mestre em direito administrativo, produzira festejados trabalhos jurídicos, todos eles caracterizados pela excelência da linguagem e do estilo, simples, mas ornados de uma compostura aliciante, capazes de despertar a curiosidade intelectual e o interesse científico de quem quer que se aproxime de seus estudos. A procedência do que se vem de dizer certamente será confirmada pelos que tiverem a oportunidade de ler este livro que, em boa hora, a Editora Contracorrente vem trazer a público.

Celso Antônio Bandeira de Mello

Professor Emérito da Pontifícia Universidade Católica de São Paulo – PUC/SP

APRESENTAÇÃO

Tenho a satisfação de apresentar a excepcional obra do Professor Rafael Valim, intitulada "A subvenção no Direito Administrativo brasileiro", que traça um verdadeiro divisor de águas em relação ao tema, dantes sempre negligenciado, ao examinar, em profundidade, questão jurídica de notável importância na atualidade.

O tema das subvenções, apesar da importância capital para o crescimento econômico, melhorias e ampliação da infraestrutura, até o momento, não se via prestigiado pela doutrina com tratamento adequado e coerente com a função do instituto. Esta lacuna, agora, vê-se superada, com amplo estudo das suas dimensões para o Direito Financeiro e para o Direito Administrativo.

Trata-se do resultado da tese de doutoramento, desenvolvida na Pontifícia Universidade Católica de São Paulo – PUC/SP, sob a orientação rigorosa do Professor Emérito Celso Antônio Bandeira de Mello, a qual foi brilhantemente defendida perante Banca Examinadora integrada ainda pelos eminentes professores Silvio Luís Ferreira da Rocha, Maurício Garcia Pallares Zockun, Irene Patrícia Nohara e Heraldo Garcia Vitta. Ao final, foi aprovado com nota máxima.

Rafael Valim é um dos mais notáveis juristas do Direito Administrativo da atualidade. Advogado dos mais requisitados, Professor de Direito Administrativo e Fundamentos do Direito Público da Faculdade de Direito da PUC/SP, Doutor e Mestre em Direito Administrativo pela PUC-SP, além de Professor de diversos cursos de Direito Administrativo dentro e fora do País, especialmente na Espanha, Itália, França e Argentina. Ademais, destacam-se suas funções de Presidente do Instituto Brasileiro de Estudos Jurídicos da Infraestrutura – IBEJI e de Diretor da Revista Brasileira de Infraestrutura, dentre tantas outras intensas atividades acadêmicas. Portanto, um estudioso que transita da teoria à prática com rara proficiência e qualidade invulgar.

Corretamente, observa nosso Autor que a subvenção, ao ensejar dispêndio de recursos públicos, possui natureza dúplice, de Direito Financeiro e de Direito Administrativo, guardadas as diferenças típicas em cada domínio jurídico. De se ver, a obra é um significativo avanço teórico nesse corte interdisciplinar, cujos laços dogmáticos e sistêmicos são contínuos, ao integrar os mecanismos de financiamento de obras e de serviços incentivados pelo Estado ou que sejam determinantes para o desenvolvimento.

Para os fins da atividade administrativa, Rafael Valim define a subvenção como "relação jurídico-administrativa típica, caracterizada por uma prestação pecuniária do Estado em favor de um sujeito de direito privado, ao qual corresponde aplicar os valores percebidos, desinteressadamente e com a concorrência de recursos ou bens próprios, no desenvolvimento de uma atividade revestida de interesse público". E, a partir deste conceito, promove a distinção inédita no direito público brasileiro entre subvenção, subsídio, doação e prêmio.

Com isso, evidencia-se a desconstrução da premissa de que as subvenções constituiriam somente um dos instrumentos jurídicos da atividade de fomento, ao lado dos convênios (Lei n. 8.666/93), dos contratos de gestão (Lei n. 9.637/98), dos termos de parceria (Lei n. 9.790/99), dos termos de colaboração e termos de fomento (Lei n. 13.019/14) e quejandos. Na sua opinião, estes tipos convencionais de cooperação, quando envolvem o trespasse de dinheiro público, ensejam, bilateralmente, relações jurídico-administrativas subvencionais, ao incorporar o regime jurídico destas.

Na sua concepção, o fomento é compreendido como transferência de bens e direitos em favor de particulares, sem contraprestação ou com contraprestação em condições facilitadas, em ordem à satisfação direta ou indireta de interesses públicos.

A SUBVENÇÃO NO DIREITO ADMINISTRATIVO BRASILEIRO

Quanto aos efeitos decorrentes, o aspecto que nos chama mais atenção é a determinação da certeza do direito e o reforço de segurança jurídica expressos pelo princípio da legalidade orçamentária e administrativa na instituição de subvenções. A demarcação conceitual e funcional da subvenção em relação a outras categorias confere a precisão necessária para a imputação dos efeitos jurígenos dos direitos e obrigações derivados das subvenções, em suas específicas relações jurídicas.

Por conseguinte, outra expressiva contribuição teórica está em considerar que a subvenção repugna a ideia de precariedade, do que deriva a invalidade das chamadas "cláusulas de precariedade". Mais que um "direito subjetivo", a subvenção configura um "direito adquirido". Mesmo nas hipóteses em que a subvenção é veiculada mediante contrato administrativo, não se reconhece ao ente subvencionador a prerrogativa de alterar unilateralmente a relação subvencional. E como a subvenção gera um direito adquirido em favor do subvencionado, o ente subvencionador não a pode revogar sem motivação ou em desconformidade com a legalidade, por ato discricionário.

Este livro do Professor Rafael Valim atende aos melhores anseios da doutrina administrativista, ao descortinar os múltiplos efeitos das subvenções, com avanços dogmáticos inigualáveis. E para além de uma obra teórica, tem-se como sua marca indelével a vocação para soluções de problemas práticos, no financiamento do Estado sobre atividades dos particulares informadas pelo interesse público.

É tempo de concluir, para o ilustre leitor ter a satisfação de dedicar-se à leitura desse estudo inovador das subvenções, passando por páginas de texto claro e bem urdido, escrito em linguagem lapidar, a confirmar tudo o quanto acima se consignou.

Por todas essas razões, uno-me com entusiasmo ao destino deste livro singular, certo de que atingirá seus objetivos e há de ser, doravante, obra de consulta obrigatória por todos aqueles que se dedicam às finanças públicas e relações econômicas de Direito Administrativo. E assim será.

Heleno Taveira Torres

*Professor Titular de Direito Financeiro da Faculdade
de Direito da USP. Advogado.*

AGRADECIMENTOS

Ressalvados alguns acréscimos e correções, a presente obra constitui a tese que defendi na prestigiosa Escola de Direito Administrativo da Pontifícia Universidade Católica de São Paulo – PUC/SP. À egrégia Banca, composta pelos insignes Professores Celso Antônio Bandeira de Mello, Silvio Luís Ferreira da Rocha, Heraldo Garcia Vitta, Maurício Zokun e Irene Patrícia Nohara, desde logo registro meus mais sinceros agradecimentos.

É um privilégio ter a oportunidade de demonstrar gratidão. Nenhuma obra humana, por mais que os ingratos ou os egoístas insistam no contrário, é um produto isolado, senão que o resultado da comunhão de esforços, diretos e indiretos, de gerações.

A conclusão de uma tese de doutoramento é, sem dúvida, um singular momento de agradecer àqueles que, mesmo sem o saber, prestaram-nos decisivo apoio para a superação desta difícil etapa acadêmica.

Naturalmente, em primeiro lugar, devo agradecer à minha querida companheira Camila Valim, de cujo amor, alegria e carinho me alimento todos os dias. Além de ter proporcionado, no curso da elaboração deste trabalho, as duas maiores alegrias da minha vida, suportou, com a tenacidade própria das grandes mulheres, as privações decorrentes de minha meditação acadêmica. Sempre será credora do meu amor e da minha admiração.

Aos meus pais, Edemir Valim e Eneida Valim, e ao meu irmão Rodrigo Valim, agradeço a segurança, o apoio e o amor que sempre me prodigalizaram.

Aos meus sogros, Carlos Janela e Alice Janela, agradeço o apoio e o carinho de sempre.

Ao amigo e irmão de afeto Gustavo Marinho de Carvalho, agradeço o companheirismo, o constante estímulo, o intercâmbio intelectual e, ainda, a leitura atenta desta tese.

Ao Professor Silvio Luís Ferreira da Rocha e à Eliane Barros, exemplos de retidão, humildade e solidariedade, agradeço a amizade, a lealdade e o apoio incondicional com que sempre me brindaram.

Ao querido Augusto Neves Dal Pozzo, exemplo de entusiasmo e dinamismo, agradeço a generosidade e a amizade.

Ao querido amigo Gabriel Ciríaco Lira, com quem tenho a alegria de compartilhar tantos projetos profissionais e acadêmicos, agradeço o apoio e o companheirismo.

À querida Angélica Petian, com quem dividi as agruras da feitura desta tese, agradeço as orientações e a amizade fraterna.

Ao querido amigo Antonio Carlos Malheiros, agradeço o exemplo de solidariedade, o carinho e o auxílio na elaboração deste trabalho.

À querida Josephina Bacariça (*in memoriam*), uma das pessoas mais extraordinárias que já conheci e cuja memória evoco, consciente ou inconscientemente, todos os dias, agradeço o imorredouro exemplo de dignidade e de amor ao próximo.

À querida Professora Weida Zancaner, exemplo de solidariedade e retidão, agradeço o apoio de sempre.

Ao querido amigo Pedro Serrano, agradeço a exagerada generosidade, o apoio, tanto profissional e acadêmico, a confiança e o rico intercâmbio acadêmico.

Ao querido amigo Luiz Tarcísio Texeira Ferreira, agradeço a companhia sempre alegre e festiva, a amizade fraterna, o estímulo e a confiança.

A SUBVENÇÃO NO DIREITO ADMINISTRATIVO BRASILEIRO

Ao querido Professor Romeu Felipe Bacellar Filho, exemplo de generosidade e seriedade, agradeço os ensinamentos, o estímulo e a confiança.

Ao eminente publicista Heleno Taveira Torres, agradeço os ensinamentos, o apoio, amizade e a desmedida generosidade desmonstrada na apresentação deste trabalho.

Ao querido Professor Gilberto Bercovici, exemplo de seriedade e cultura jurídica, agradeço o apoio acadêmico, o constante diálogo e a amizade.

Aos amigos Daniel Wunder Hachem e Emerson Gabardo, notáveis publicistas e exemplos de dinamismo, agradeço a amizade e o intercâmbio acadêmico.

Ao querido Professor Antônio Carlos Cintra do Amaral, de cuja rara inteligência tenho a satisfação de ser testemunha, agradeço a atenção, os ensinamentos e a amizade.

Ao querido amigo José Roberto Pimenta Oliveira, eminentíssimo administrativista, agradeço a amizade e o apoio.

À querida Professora Dinorá Adelaide Musetti Grotti, exemplo de seriedade e dedicação ao estudo do Direito Administrativo, agradeço o apoio e as valiosas observações formuladas por ocasião da qualificação desta tese.

Ao querido Professor Márcio Cammarosano, agradeço o apoio acadêmico e a confiança.

Ao querido amigo e irmão de afeto Pablo Ángel Gutiérrez Colantuono, exemplo de solidariedade e integridade, agradeço o companheirismo, as lições de vida e o permanente estímulo.

Ao querido Professor Jaime Rodríguez-Arana Muñoz, ilustre cultor e difusor dos ideais democráticos, agradeço o apoio acadêmico, a amizade e a confiança.

Ao querido Professor Giuseppe Franco Ferrari, agradeço a amizade e o auxílio na pesquisa da rica bibliografia italiana sobre as subvenções.

À notável Professora Sylvia Calmes-Brunet, agradeço o generoso acesso à biblioteca da Universidade de Rouen, de cujo acervo extraí valiosos subsídios para a formulação desta tese.

Ao querido Professor Juan José Pernas García, agradeço a amizade e o apoio na pesquisa da vasta bibliografia espanhola sobre as subvenções.

À acadêmica Diana Henriques, agradeço o auxílio nas pesquisas de diversos tópicos da tese.

Por fim, ao eminente Professor Celso Antônio Bandeira de Mello, inquestionavelmente um dos maiores juristas da história de nosso país e a quem devo a minha carreira acadêmica, agradeço a orientação, os ensinamentos de cidadania e de Direito, a amizade e a generosidade.

INTRODUÇÃO

A dialética entre autoridade e liberdade, a que se remonta a gênese e o desenvolvimento do Direito Administrativo, eclipsou a *atividade administrativa de fomento*.

Em virtude de sua natureza ampliativa, supostamente incapaz de gerar agravos à esfera jurídica dos administrados, e da equivocada ideia, cultivada há muitos anos, de que traduziria um domínio infenso ao Direito, pertencente ao exclusivo arbítrio do Administrador Público, instalou-se uma *prática* do fomento desacompanhada de um adequado desenvolvimento teórico, o que ensejou e continua a ensejar, desnecessário dizer, um ambiente propício ao cometimento de ilegalidades.

No Brasil, apesar do surgimento de valiosos estudos sobre o assunto nas últimas quadras, subsiste um notório descompasso entre a transcendental importância social, econômica e política desta atividade administrativa e a escassa atenção que a doutrina nacional lhe dedica[1].

A subvenção, figura prototípica da atividade de fomento, está inserida nesse preocupante contexto. Conquanto, nas palavras do eminente Professor García de Enterría, traduza "un instrumento capital en

---

[1] Denunciam este estado de coisas: BANDEIRA DE MELLO, *Curso de Direito Administrativo*, 31ª ed. São Paulo: Malheiros, 2014, p. 834; MOREIRA NETO, Diogo de Figueiredo. *Curso de Direito Administrativo*, 16ª ed. Rio de Janeiro: Forense, 2014, p. 577; FERREIRA DA ROCHA, Silvio Luís. *Terceiro setor*, 2ª ed. São Paulo, 2006, p. 34.

la obra de configuración social en que la Administración de nuestros días se halla rigorosamente comprometida y, concretamente, un médio de dirección económica de una eficácia extraordinária en orden a la distribución de rentas"[2], até o presente momento não mereceu tratamento monográfico no Direito brasileiro. As raras incursões da doutrina ciframse a aspectos pontuais, sobretudo de Direito Financeiro, e frequentemente padecem de censuráveis sincretismos metodológicos, com a indevida assimilação de argumentos econômicos no seio da ciência jurídica.

Em rigor, a subvenção, nos quadrantes do Direito brasileiro, ainda não conquistou foros de "tema" de Direito Administrativo, permanecendo agrilhoada à legislação financeira e, por consequência, aos cultores do Direito Financeiro. Aliás, isto sugere que a subvenção, ainda que tardiamente, terá uma trajetória semelhante a de outros tópicos do Direito Administrativo que, em termos históricos, emergiram do Direito Financeiro, de que são exemplo expressivo as contratações públicas, outrora disciplinadas pelo Código de Contabilidade da União (Decreto Federal n. 4.526/22)[3] e hoje desenvolvidas em importantíssimo conjunto de normas de Direito Administrativo[4].

Urge, nessa medida, resgatar do ostracismo a atividade de fomento e, especialmente, as subvenções, colocando-as no âmbito de referência do Direito Administrativo[5].

---

[2] GARCÍA DE ENTERRÍA, Eduardo. Sobre la naturaleza de las tasas y las tarifas de los servicios públicos. *Revista de Administración Pública*, 12: 152.

[3] GOMES, Emerson César da Silva. Da contabilidade. *In:* CONTI, José Maurício (Coord.). *Orçamentos públicos: a Lei 4.320/1964 comentada*, 2ª ed. São Paulo: RT, 2010, p. 293.

[4] Em observação inteiramente aplicável à realidade brasileira, assim vaticinou José Pascual García a propósito do Direito Espanhol: "(...) historicamente, importantes conjuntos normativos del ordenamiento administrativo, como la contratación administrativa o la legislación del Patrimonio del Estado, han nacido incardinados en leyes presupuestarias de las que se han desgajado; trayectoria que previsiblemente sea la que recorra la normativa sobre subvenciones" (*Régimen jurídico de las subvenciones públicas*. Madri: BOE, 1996, p. 31).

[5] SCHMIDT-ASSMANN, Eberhard. *La teoría general del derecho administrativa como sistema: objetos y fundamentos de la construcción sistemática*. Madri: Marcial Pons, 2003, p. 13.

A SUBVENÇÃO NO DIREITO ADMINISTRATIVO BRASILEIRO

Eis o modesto propósito desta tese. Sem negar o caráter multidisciplinar do tema[6] e prevenidos das dificuldades que permeiam o seu exame, entre as quais a profunda confusão terminológica[7] e a legislação abundante e fragmentária[8], ao longo da presente investigação, pretendemos desvendar, *sob perspectiva dogmática*, a *estrutura* e o *regime jurídico* da relação jurídica subvencional nos confins do Direito Administrativo brasileiro[9].

Acresça-se que, não obstante a exaustiva consulta que empreendemos à bibliografia estrangeira, as conclusões reunidas neste trabalho resultam da análise do direito positivo brasileiro e refletem, portanto, a peculiar fisionomia da atividade de fomento e, por consequência, das subvenções em nosso sistema normativo.

Enfim, esperamos que nossas forças estejam à altura do nosso objeto de estudo, pois, na célebre recomendação de Horácio, "a quem escolher assunto de acordo com as suas possibilidades nunca faltará eloquência nem tampouco lúcida ordem"[10].

---

[6] SESMA SÁNCHEZ, Begoña. *Las subvenciones* públicas. Valladolid: Lex Nova, 1998, p. 38-52.

[7] PERICU, Giuseppe; CROCI, Enrica. Sovvenzioni (diritto amministrativo), *Enciclopedia del Diritto*. Milão: Giuffré, 1990, p. 246; DELPÉRÉE, Francis. En guise de conclusion sur les subventions. *In:* RENDERS, David (Coord.) *Les subventions*. Bruxelas: Larcier, 2011, p. 828.

[8] PERICU, Giuseppe; CROCI, Enrica. Sovvenzioni (diritto amministrativo), *Enciclopedia del Diritto*. Milão: Giuffré, 1990, p. 245; MANZELLA, Gian Paolo. Gli ausili finanziari. *In:* CASSESE, Sabino (Coord.) *Tratatto di Diritto Amministrativo*, t. 4, 2ª ed. Milão: Giuffrè, 2003, p. 3734.

[9] DE LA RIVA, Ignácio M. *Ayudas públicas: incidencia de la intervención estatal en el funcionamento del mercado*. Buenos Aires: Hammurabi, 2004, p. 92-95.

[10] No original:"Cui lecta potenter erit res, nec facundia deseret hunc, nec lucidus ordo" (*Arte poética*, 4ª ed. Portugal: Inquérito, 2001, p. 55).

CAPÍTULO I

AS ATIVIDADES ADMINISTRATIVAS À LUZ DA ORDEM CONSTITUCIONAL BRASILEIRA

1 A INDISPENSÁVEL LEITURA CONSTITUCIONAL DO TEMA

1.1 O MODELO DE ESTADO PLASMADO NA CONSTITUIÇÃO DE 1988

Para os nossos propósitos, é de subido relevo o exame do modelo de Estado estabelecido pela Constituição Federal de 1988. Embora a análise do Estado de uma mirada diacrônica constitua um campo de investigação fascinante[11], interessa-nos especificamente a conformação *atual* do Estado brasileiro, ou seja, o modelo de Estado brasileiro *vigente*[12].

A Constituição Federal de 1988 funda, inequivocamente, um *Estado Social de Direito*, resultado da união[13] dos traços jurídico-positivos

---

[11] MORENO, Beatriz González. *El Estado Social: naturaleza jurídica y estructura de los derechos sociales.* Madri: Civitas, 2002, pp. 27-67.

[12] TORRES, Heleno Taveira. *Direito Constitucional Tributário e segurança jurídica*, 2ª ed. São Paulo: RT, 2012, pp. 129 e 130.

[13] Ver, por todos: FORSTHOFF, Ernst. *Stato di Diritto in transformazione.* Milão: Giuffrè, 1973, p. 39-66.

do *Estado de Direito* – dignidade da pessoa humana, soberania popular, separação de funções estatais, princípio da igualdade, princípio da legalidade, sistema de direitos fundamentais dotado de petrealidade, princípio da inafastabilidade do controle jurisdicional, princípio da segurança jurídica e princípio da publicidade[14] – e do *Estado Social* – elenco de direitos fundamentais sociais, titularização de serviços públicos e ampla intervenção nos domínios econômico e social.

Não é demais recordar, outrossim, alguns dos fundamentos (art. 1º da Constituição Federal) e objetivos fundamentais (art. 3º da Constituição Federal) da República Federativa do Brasil: valores sociais do trabalho (art. 1º, inc. IV, da Constituição Federal); construção de uma sociedade livre, justa e solidária (art. 3º, inc. I, da Constituição Federal); garantia do desenvolvimento nacional (art. 3º, inc. II, da Constituição Federal); erradicação da pobreza e da marginalização e redução das desigualdades sociais e regionais (art. 3º, inc. III, da Constituição Federal).

É natural concluir, portanto, que o *Estado brasileiro, mercê de seu notório compromisso com a justiça social, representa a antítese do neoliberalismo*[15]. Ao truísmo liberal de que o Estado não deve interferir na vida econômica, à luz da pressuposição, de todo contestável, de que o mercado seria

---

[14] VALIM, Rafael. *O princípio da segurança jurídica no Direito Administrativo brasileiro.* São Paulo: Malheiros, 2010, p. 34.

[15] Há abundante bibliografia sobre o assunto. Sob a perspectiva jurídica, merecem menção as seguintes obras: BANDEIRA DE MELLO, Celso Antônio. *Curso de Direito Administrativo,* 31ª ed. São Paulo: Malheiros, 2014; BONAVIDES, Paulo. *Do país constitucional ao país neocolonial: a derrubada da Constituição e a recolonização pelo golpe de Estado institucional,* 3ª ed. São Paulo: Malheiros, 2004; PUIGPELAT, Oriol Mir. *Globalización, Estado y Derecho: las transformaciones recientes del Derecho Administrativo.* Madri: Civitas, 2004; ARANGUREN, Juan-Cruz Alli. *Derecho Administrativo y globalización.* Madri: Civitas, 2004. Sob outras perspectivas, valem a leitura: SANTOS, Milton. *Por uma outra globalização: do pensamento único à consciência universal,* 15ª ed. São Paulo: Record, 2008; COMPARATO, Fábio Konder. *A civilização capitalista.* São Paulo: Saraiva, 2013; AVELÃ NUNES, António José. *A crise atual do capitalismo: capital financeiro, neoliberalismo e globalização.* São Paulo: RT, 2012; CHOMSKY, Noam. *O lucro ou as pessoas: neoliberalismo e ordem global,* 4ª ed. Rio de Janeiro: Bertrand Brasil, 2004; LAVAL, Cristian; DARDOT, Pierre. *La nueva razón del mundo: ensayo sobre la sociedad neoliberal.* Barcelona: Gedisa, 2013.

CAPÍTULO I – AS ATIVIDADES ADMINISTRATIVAS À LUZ DA ORDEM...

um instrumento mais eficiente de alocação de recursos e desenvolvimento da sociedade, contrapõe-se um Estado com assinalado protagonismo na organização dos campos econômico e social.

De igual modo, às formulações abstratas, descontextualizadas e cínicas do discurso liberal, nascidas do falso pressuposto de que as pessoas nascem iguais em direitos e obrigações[16], contrasta-se um catálogo interdependente e complementário de direitos fundamentais, forjado a partir da constatação, de resto óbvia, de que os direitos de liberdade só cobram sentido se acompanhados de determinadas condições materiais. Como leciona Manuel García-Pelayo, "enquanto nos séculos XVIII e XIX entendia-se que a liberdade era uma exigência da dignidade humana, agora se pensa que a dignidade humana (materializada em princípios socioeconômicos) é uma condição para o exercício da liberdade"[17].

Do âmago do Estado Social de Direito brasileiro exsurge, pois, uma Administração Pública que, para além das finalidades oitocentistas de manutenção da ordem e da segurança, deve alcançar, por meio de serviços públicos e políticas públicas, os elevados objetivos que lhe impôs a Constituição Federal. É o "Estado telocrático" de que cogita o Professor Fábio Konder Comparato, antagônico à nomocracia liberal e cuja legitimidade repousa na capacidade de realização de fins predeterminados[18].

1.2 A IDEOLOGIA CONSTITUCIONAL

Nestes termos, a Constituição Federal positiva uma determinada cosmovisão[19], ou, em outras palavras, consagra, de forma cogente, certa

---

[16] VALIM, Rafael. Apontamentos sobre os direitos sociais. *In:* MALHEIROS, Antonio Carlos; BACARIÇA, Josephina; VALIM, Rafael (Coord.) *Direitos humanos: desafios e perspectivas.* Belo Horizonte: Fórum, 2011, p. 173.

[17] GARCÍA-PELAYO, Manuel. *As transformações do Estado contemporâneo.* Rio de Janeiro: Forense, 2009, p. 14.

[18] COMPARATO, Fábio Konder. Ensaio sobre o juízo de inconstitucionalidade de políticas públicas. *Revista de Informação Legislativa*, 138: 43 e 44.

[19] BALLESTEROS, Manuel Alberto Montoro. Ideologías y fuentes del derecho. *Revista de estudios políticos*, 40: 69.

ideologia[20]. Trata-se, no léxico da doutrina nacional[21] e estrangeira, da *ideologia constitucional*, entendida, no verbo de César Enrique Romero, como um "conjunto de factores conformantes de una *concepción del mundo* y de la vida – de una *cosmovisión* – enderezada a esclarecer o explicar la *organización, el ejercicio y los objetivos del poder político en la sociedad"*[22].

Saliente-se que a ideologia constitucionalmente adotada joga um importantíssimo papel dogmático, qual seja: ela constitui um inescapável critério interpretativo de toda a ordem jurídica[23], é dizer, ela preside a interpretação do texto constitucional e de todo e qualquer texto infra-constitucional[24].

Trata-se, em rigor, de um *imperativo de lealdade com a Constituição Federal, cuja normatividade não está ao talante das ideologias de seus*

---

[20] O termo "ideologia" é um dos mais polissêmicos das linguagens filosófica, sociológica e política (LÖWY, Michael. *Ideologias e ciência social: elementos para uma análise marxista*, 19ª ed., São Paulo: Cortez, 2010, p. 10). Aqui empregamos, na lição de Norberto Bobbio, o significado "fraco" do vocábulo, traduzido em um "conjunto de ideias e de valores respeitantes à ordem pública e tendo como função orientar os comportamentos políticos coletivos". O significado "forte" está atrelado ao conceito marxista de ideologia, concebida como falsificação da realidade (STOPPINO, Mario. Ideologia. *In:* BOBBIO, Norberto; MATTEUCCI, Nicola; PASQUINO, Gianfranco. *Dicionário de Política*, vol. I, 13ª ed. Brasília: Editora Universidade de Brasília, 2010, p. 585 e 586; MANNHEIM, Karl. *Ideologia e utopia*, 2ª ed. Rio de Janeiro: Zahar Editores, 1972, p. 81-85). Esta oposição é designada por Alfredo Bosi de "sentido valorativo" e "sentido não valorativo" (BOSI, Alfredo. *Ideologia e contraideologia: temas e variações*. São Paulo: Companhia das Letras, 2010, p. 72).

[21] ALBINO DE SOUZA, Washington. *Teoria da Constituição Econômica*. Belo Horizonte: Del rey, 2002, p. 75-99 e 361-384; GRAU, Eros Roberto. *A ordem econômica na Constituição de 1988*, 13ª ed. São Paulo: Malheiros, 2008, p. 169 e 170; BERCOVICI, Gilberto. *Constituição Econômica e desenvolvimento: uma leitura a partir da Constituição de 1988*. São Paulo: Malheiros, 2005, p. 40 e 41; MARTINS, Ricardo Marcondes. *Regulação administrativa à luz da Constituição Federal*. São Paulo: Malheiros, 2011, p. 48-57.

[22] ROMERO, César Enrique. Constitución y ideologia: apuntes para una reforma. *Revista de estudios políticos*, n. 198, 1974, p. 224.

[23] CALDERÓN, Maximiliano Rafael; ELLERMAN, Ilse. La ideología y axiología de la Constitución Argentina: *Revista Telemática de Filosofía del Derecho*, 6: 125.

[24] MARTINS, Ricardo Marcondes. *Regulação administrativa à luz da Constituição Federal*. São Paulo: Malheiros, 2011, p. 54.

CAPÍTULO I – AS ATIVIDADES ADMINISTRATIVAS À LUZ DA ORDEM...

intérpretes[25]. Impõe-se ao intérprete a compreensão e aplicação da ideologia do texto constitucional, ainda que dela divirja. A propósito, merecem citação literal as palavras do Professor Gilberto Bercovici: "A batalha ideológica em torno da Constituição de 1988 é cada vez mais acirrada. *As críticas conservadoras todas podem ser solucionadas, formalmente, por uma hermenêutica constitucional leal à Constituição*" (grifos nossos)[26].

A ideologia constitucional não encerra, naturalmente, a proclamação de uma doutrina específica, senão que traduz um conjunto heterogêneo de ideias. Duas ideologias, das quais a Constituição de 1988 é tributária, reclamam a nossa especial atenção, a saber: *a ideologia desenvolvimentista e a ideologia do serviço público*.

A *ideologia desenvolvimentista* postula um Estado dotado de competências para intervir, *de modo permanente e planejado*, nos âmbitos econômico e social, com vistas à elevação das condições de vida das pessoas. Cuida-se de um processo de longo prazo, marcado por uma ação governamental programada nos campos social e econômico[27], com o consequente abandono de uma visão meramente conjuntural ou excepcional da atuação estatal[28].

Nesse contexto, o *desenvolvimento* compreende uma transformação das estruturas sociais, distanciando-se da noção quantitativa de crescimento econômico[29]. Ninguém melhor que Celso Furtado para esclarecer tal distinção:

---

[25] Um exemplo de interpretação desleal ao texto constitucional encontramos, com a devida vênia, na obra de Miguel Reale (*O Estado Democrático de Direito e o conflito de ideologias*, 3ª ed. São Paulo: Saraiva, 2005, p. 44).

[26] BERCOVICI, Gilberto. *Constituição Econômica e desenvolvimento: uma leitura a partir da Constituição de 1988*. São Paulo: Malheiros, 2005, p. 40.

[27] COMPARATO, Fábio Konder. *A afirmação histórica dos direitos humanos*, 5ª ed. São Paulo: Saraiva, 2007, p. 399.

[28] MOREIRA, Vital. *A ordem jurídica do capitalismo*, 3ª ed. Coimbra: Centelho, 1978, p. 225.

[29] GRAU, Eros Roberto. *A ordem econômica na Constituição de 1988*, 13ª ed. São Paulo: Malheiros, 2008, p. 216 e 217.

[...] o *crescimento econômico*, tal qual o conhecemos, vem se fundando na preservação dos privilégios das elites que satisfazem seu afã de modernização; já o *desenvolvimento* se caracteriza pelo seu projeto social subjacente. Dispor de recursos para investir está longe de ser condição suficiente para preparar um melhor futuro para a massa da população. Mas quando o projeto social prioriza a efetiva melhoria das condições de vida dessa população, o crescimento se metamorfoseia em desenvolvimento"[30].

Nos artigos 3º, 170 e 225, *caput*, da Constituição Federal radicam os traços fundamentais do desenvolvimento que o Estado brasileiro deve perseguir: *nacionalista*[31], *socialmente inclusivo, redutor das desigualdades sociais e regionais, obediente à dignidade humana, defensor do meio ambiente e de feição transgeracional*. Trata-se do aclamado *desenvolvimento nacional sustentável*, uma tradução eloquente do conteúdo transformador da Constituição Federal[32].

A *ideologia do serviço público*, por sua vez, promoveu uma verdadeira revolução copernicana na compreensão do Estado Moderno.

Até o século XIX a exaltação do Poder constituía a base de construção do Direito Público, de que são exemplos as lições, no Direito alemão, de Gerber, Laband, Ihering e Jellinek, e, no Direito francês, de Carré de Malberg[33]. Para estes eminentes autores, o Estado – titular da

---

[30] FURTADO, Celso. Os desafios da nova geração. *Revista de Economia Política*, vol. 24, n. 4, p. 484.

[31] Aludimos ao *nacionalismo econômico*, que não se confunde com nacionalismo étnico, de feição xenófoba e, de regra, belicista. Aquele nasce da convicção de que é preciso defender os interesses do trabalho, do capital e do conhecimento nacionais. Observe-se, oportunamente, que no final do século XX "nacionalismo" se converteu em uma palavra maldita. A ideologia internacionalista, incorporada ao discurso neoliberal, foi usada pelos países ricos para neutralizar a luta dos países subdesenvolvidos pela autonomia nacional e pelo desenvolvimento.

[32] VALIM, Rafael. La contratación pública sostenible en Brasil. *In:* MUÑOZ, Jaime Rodríguez-Arana; PÉREZ, Marta García (Coord.). *Reforma del Estado y transformación del Derecho Administrativo*. Madri: Bubok Publishing, 2014, p. 455-468.

[33] MUÑOZ MACHADO, Santiago. *Servicio público y mercado*, t. I. Madri: Civitas, 1998, p. 100 e 101.

CAPÍTULO I – AS ATIVIDADES ADMINISTRATIVAS À LUZ DA ORDEM...

herrschaft ou da *puissance publique* – impunha-se de modo irresistível, e as pessoas, então "súditos", deviam-lhe irrestrita obediência.

Eis que, no final do século XIX, sob o influxo das ideias solidaristas[34], Léon Duguit empreende, nas palavras de Jacques Chevalier, "un assaut impétueux, et à proprement parler sacrilège"[35] das concepções de Estado obsequiosas ao Poder. Experimenta-se uma radical transformação no conceito de Estado, que se converte simplesmente em um conjunto de serviços públicos. É dizer: a ideia-força "poder" é substituída pela ideia-força "dever" e isto, ocioso assinalar, subverte por completo a estrutura e as finalidades do Estado[36].

Seja-nos permitida a transcrição de um trecho memorável do mestre de Bordeaux:

> On comprend bien maintenant le sens et la portée de la transformation profonde qui s'accomplit dans le droit public. Il n'est plus un ensemble de règles s'appliquant à une personne souveraine, c'est-à-dire investie du droit subjectif de commander, déterminant les rapports de cette personne avec les individus et les collectivités se trouvant sur un territoire donné, rapports entre personnes inégales, entre un souverain et ses sujets. Le droit public moderne devient une ensemble de règles déterminant l'organisation des services publics et assurant leur fonctionnement régulier et ininterrompu. De rapport de souverain à sujets, it n'en apparait plus. De droit subjectif de souveraineté, de puissance, pas davantage. Mais une règle fondamentale de laquelle dérivent toutes

---

[34] DAL POZZO, Augusto Neves. *Aspectos fundamentais do serviço público no Direito brasileiro*. São Paulo: Malheiros, 2012, p. 43-51; MUÑOZ MACHADO, Santiago. *Servicio público y mercado*, t. I. Madri: Civitas, 1998, p. 102.

[35] CHEVALLIER, Jacques. *Le service public*, 3ª ed. Paris: PUF, 1994, p. 19.

[36] BANDEIRA DE MELLO, Celso Antônio. *Curso de Direito Administrativo*, 31ª ed. São Paulo: Malheiros, 2014, p. 44-46; MEILÁN GIL, José Luis. *Progreso tecnológico y servicios públicos*. Madri: Civitas: 2006, p. 24 e 25; MALJAR, Daniel Edgardo. *Intervención del Estado en la prestación de servicios públicos*. Buenos Aires: Hammurabi, 1998, p. 24-26; MARTINS, Ricardo Marcondes. *Regulação Administrativa à luz da Constituição Federal*. São Paulo: Malheiros, 2011, p. 145-148.

RAFAEL VALIM

les autres, la règle qui impose aux gouvernants l'obligation d'organiser les services publics, d'en contrôler le fonctionnemen"[37].

Não obstante, em termos teóricos, esteja superada a Escola do Serviço Público, uma vez que a noção de serviço público não basta para definir o Direito Administrativo contemporâneo, *permanece o modelo de Estado decorrente da "inversão ideológica" a que rendeu ensejo*[38]. Prova disso é exatamente a Constituição Federal de 1988, *cujo modelo de Estado é vocacionado, em última análise, à promoção da dignidade da pessoa humana.*

1.3 DIREITO CONSTITUCIONAL E DIREITO ADMINISTRATIVO

A breve incursão que fizemos no Direito Constitucional, de sorte a revelar o modelo de Estado brasileiro e algumas de suas bases ideológicas, não é despicienda, senão que corresponde a uma exigência de ordem metodológica.

Segundo corrente ensinamento, "o Direito Administrativo é o Direito Constitucional concretizado"[39], a significar que os traços fundamentais do Direito Administrativo estão abrigados, ineludivelmente, no Direito Constitucional[40]. *Disso resulta que a edificação das categorias jurídico-administrativas sempre terá como ponto de partida a Constituição Federal*[41],

---

[37] DUGUIT, León. *Les transformations du Droit Public*. Paris: Librairie Armand Colin, 1913, p. 52.

[38] MARTINS, Ricardo Marcondes. *Regulação Administrativa à luz da Constituição Federal*. São Paulo: Malheiros, 2011, p. 145-148.

[39] Esta expressão pertence ao antigo presidente do Tribunal Administrativo Federal Alemão, Fritz Werner (IBLER, Martin. Derecho Administrativo como Derecho Constitucional concretizado. *Respublica*, n. 2, p. 40).

[40] BANDEIRA DE MELLO, Celso Antônio. *Curso de Direito Administrativo*, 31ª ed. São Paulo: Malheiros, 2014, p. 29; FORTSAKIS, Théodore. *Conceptualisme et empirisme en Droit Administratif français*. Paris: LGDJ, 1987, p. 338-341; MUÑOZ, Jaime Rodríguez-Arana. *Derecho Administrativo y Constitución*. Granada: CEMCI, 2000, p. 77 e ss.

[41] REIGADA, Antonio Trancoso. Dogmática Administrativa y Derecho Constitucional:

CAPÍTULO I – AS ATIVIDADES ADMINISTRATIVAS À LUZ DA ORDEM...

repugnando-se a assimilação acrítica de noções extraídas do Direito Comparado[42] e, de igual modo, a aceitação irrefletida de conceitos tradicionais da doutrina jusadministrativista.

Na síntese elegante de Ruy Cirne Lima, "o Direito Constitucional qualifica, por implicação, a administração pública, enquanto atividade, e estabelece os fundamentos da existência e organização dos sujeitos ativos que a desempenham"[43].

Dessa relação também decorre o incessante e, não raro, veloz processo de mutação do Direito Administrativo, cujas regras e princípios devem acompanhar os cambiantes e complexos cometimentos do Estado contemporâneo. Com admirável exatidão, afirmou o Visconde do Uruguai: "O Direito Administrativo (...) ressente-se muito mais do estado da sociedade do que o Direito Civil"[44].

Tais premissas cobram enorme importância para a presente investigação na medida em que a atividade de fomento, dentro da qual, conforme veremos, se enquadram as subvenções, é comumente explicada pela doutrina consoante princípios e regras que nada têm a ver com o modelo de Estado brasileiro e a ideologia que lhe é subjacente, à margem, portanto, de nosso marco constitucional.

1.3.1 Princípio da subsidiariedade

Com efeito, a generalidade dos estudiosos brasileiros atrela, à luz da realidade estrangeira[45], a atividade de fomento ao chamado "*princípio*

---

el caso del servicio público, *Revista Española de Derecho Constitucional*, 57/87-164; BERCOVICI, Gilberto. *Constituição Econômica e desenvolvimento: uma leitura a partir da Constituição de 1988*. São Paulo: Malheiros, 2005, p. 59.

[42] BANDEIRA DE MELLO, Celso Antônio. *Curso de Direito Administrativo*, 31ª ed. São Paulo: Malheiros, 2014, p. 29.

[43] CIRNE LIMA, Ruy. *Sistema de Direito Administrativo brasileiro*, vol. I. Porto Alegre: Editora Santa Maria, 1953, p. 40.

[44] *Ensaio sobre o Direito Administrativo*, t. I. Rio de Janeiro: Typographia Nacional, 1862, p. 38.

[45] DELPÉRÉE, Francis. En guise de conclusion sur les subventions. *In:* RENDERS,

RAFAEL VALIM

da subsidiariedade"[46], de cujo sentido *funcional*[47] se extrai a ideia de que a atuação do Estado deve circunscrever-se, de um lado, ao estímulo da atividade individual e dos pequenos grupos e, de outro, ao desempenho de atividades de interesse coletivo que a sociedade, por si só, se revela incapaz de prover[48]. Assim, aos particulares assistiria o protagonismo nos campos social e econômico, remanescendo ao Estado um

---

David (Coord.) *Les subventions*. Bruxelas: Larcier, 2011, p. 828; DE LA RIVA, Ignácio M. *Ayudas públicas: incidéncia de la intervención estatal en el funcionamento del mercado*. Buenos Aires: Hammurabi, 2004, p. 73-88; CASSAGNE, Juan Carlos. *Derecho Administrativo*, t. II, 7ª ed. Buenos Aires, 2002, p. 345 e 346.

[46] MELLO, Célia Cunha. *O fomento da Administração Pública*. Belo Horizonte: Del Rey, 2003, pp. 8-17; ROCHA, Silvio Luis Ferreira da. *Terceiro Setor*, 2ª ed. São Paulo: Malheiros, 2006, p. 16-21; ZANELLA DI PIETRO, Maria Sylvia. *Parcerias na Administração Pública: concessão, permissão, franquia, terceirização, parceria público-privada e outras formas*, 8ª ed. São Paulo: Atlas, 2011, p. 19 e 20; MARQUES NETO, Floriano Peixoto de Azevedo. O fomento como instrumento de intervenção estatal na ordem econômica. *Revista de Direito Público da Economia – RDPE*, Belo Horizonte, ano 8, n. 32, out./dez. 2010; MARTINS, Ricardo Marcondes. *Regulação Administrativa à luz da Constituição Federal*. São Paulo: Malheiros, 2011, p. 270 e 271; FREIRE, André Luiz. Responsabilidade patrimonial na atividade administrativa de fomento. *In:* SPARAPANI, Priscilia; ADRI, Renata Porto (coords.) *Intervenção do Estado no domínio econômico e no domínio social: homenagem ao Professor Celso Antônio Bandeira de Mello*. Belo Horizonte: Fórum, 2010, p. 170; DE LA RIVA, Ignácio M. *Ayudas públicas: incidéncia de la intervención estatal en el funcionamento del mercado*. Buenos Aires: Hammurabi, 2004, p. 73-88.

[47] O princípio da subsidiariedade comporta dois sentidos: *funcional (*também chamado de *horizontal),* e *territorial* (também chamado de *vertical).* Naquela acepção, a subsidiariedade funciona como critério de delimitação material das funções do Estado, enquanto nesta opera como regra de distribuição de competências (MODERNE, Franck. Existe-t-il un principe de subsidiarité fonctionnelle? (à propos des rapports entre initiative économique publique et initiative économique privée dans les Etats européens), *Revue Française de Droit Administratif*, 2011, p. 563; RODRÍGUEZ-ARANA, Jaime. *Cuatro estudios de Derecho Administrativo Europeo*. Granada: Editorial Comares, 1999, p. 54; MOREIRA, Vital. *A ordem jurídica do capitalismo*, 3ª ed. Coimbra: Centelho, 1978, p. 221).

[48] Em excelente excerto sobre o "princípio da subsidiariedade", o Professor Gilberto Bercovici reconduz a ideia de subsidiariedade à célebre *Carta del Lavoro*, editada por Benito Mussolini em 1927, e qualifica como um "erro grosseiro" a afirmação de que o aludido princípio teria sido enunciado pela primeira vez na Encíclica *Quadragesimo Anno*, de 15 de maio de 1931, pelo Papa Pio XI (BERCOVICI, Gilberto. *Direito Econômico do petróleo e dos recursos naturais*. São Paulo: Quartier Latin, 2011, p. 268).

CAPÍTULO I – AS ATIVIDADES ADMINISTRATIVAS À LUZ DA ORDEM...

papel excepcional, reduzido ao mero atendimento das insuficiências do setor privado[49].

Malgrado algumas vozes sustentem uma suposta neutralidade do "princípio da subsidiariedade"[50], afigura-se-nos evidente o seu caráter liberal-individualista, que apela à primazia do domínio econômico sobre o social, colocando o mercado no centro do edifício institucional[51]. Dela resulta, por conseguinte, um específico modelo de Estado, a que muitos denominam *Estado Subsidiário*[52], distinto, a todas as luzes, do Estado Social de Direito brasileiro.

Nesse contexto, *forçoso sublinhar que a ordem constitucional brasileira não recepcionou o sentido funcional do "princípio da subsidiariedade"*[53].

---

[49] BOULDING, Kenneth E. *The economy of love and fear: a preface to grants economics.* Belmont: Wadsworth, 1973, p. 1 e ss.

[50] MARTINS, Margarida Salema d'Oliveira. *O princípio da subsidiariedade em perspectiva jurídico-política*, p. 78; MODERNE, Franck. Existe-t-il un principe de subsidiarité fonctionnelle? (à propos des rapports entre initiative économique publique et initiative économique privée dans les Etats européens), *Revue Française de Droit Administratif*, 2011, p. 564; MOREIRA NETO, Diogo de Figueiredo. *Curso de Direito Administrativo*, 16ª ed. Rio de Janeiro: Forense, 2014, p. 606; TORRES, Silvia Faber. *O princípio da subsidiariedade no Direito Público contemporâneo.* Rio de Janeiro: Renovar, 2001, p. 111-107.

[51] BERCOVICI, Gilberto. *Direito Econômico do petróleo e dos recursos naturais.* São Paulo: Quartier Latin, 2011, p. 267 e 268; GABARDO, Emerson. *Interesse público e subsidiariedade: o Estado e a sociedade civil para além do bem e do mal.* Belo Horizonte: Fórum, 2009, p. 223; TOSI, Gilbert. Evolution du service public et principe de subsidiarité. *Revue Française d'Economie*, p. 22; MONCADA, Luis Cabral de. A subsidiariedade nas relações do Estado com a economia e a revisão constitucional. *In:* MIRANDA, Jorge (Coord.). *Estudos em homenagem ao Prof. Doutor Joaquim Moreira da Silva Cunha.* Lisboa: Faculdade de Direito da Universidade de Lisboa, 2005, p. 37-39.

[52] Para Ignacio M. de la Riva o Estado Subsidiário não configura um novo modelo de Estado, a substituir o Estado de Bem-Estar (*Ayudas públicas: incidência de la intervención estatal en el funcionamiento del mercado.* Buenos Aires: Hammurabi, 2004, p. 81). Coincide com nossa posição o Professor Silvio Luís Ferreira da Rocha (*Terceiro Setor*, 2ª ed. São Paulo: Malheiros, 2006, p. 19).

[53] GABARDO, Emerson. *Interesse público e subsidiariedade: o Estado e a sociedade para além do bem e do mal.* Belo Horizonte: Fórum, 2009, p. 225 e 226; BERCOVICI, Gilberto. *Direito Econômico do petróleo e dos recursos naturais.* São Paulo: Quartier Latin, 2011, p. 271; HACHEM, Daniel Wunder. A noção constitucional de desenvolvimento para além do viés econômico: reflexos sobre algumas tendências do Direito Público brasileiro. *A&C – Revista*

Diferentemente da Constituição de 1937, em cujo art. 135 se prescrevia que "a intervenção do Estado no domínio econômico só se legitima para suprir as deficiências da iniciativa individual e coordenar os fatores de produção", e da Constituição de 1967, em cujo artigo 170 se estatuía que às empresas privadas competia "preferencialmente, com o estímulo e apoio do Estado, organizar as atividades econômicas" (art. 170, *caput*) e que "apenas em caráter suplementar da iniciativa privada o Estado organizará e explorará diretamente a atividade econômica" (art. 170, § 1º), na Constituição de 1988 *o fundamento para a intervenção estatal nos domínios econômico e social radica no interesse público e não no "princípio da subsidiariedade"*.

Como se evidenciou linhas atrás, a ideologia que informa o texto constitucional é claramente antagônica ao conteúdo do "princípio da subsidiariedade"[54]. No dizer preciso de Cláudio Pereira de Souza Neto e José Vicente Santos de Mendonça, sustentar a vigência do "princípio da subsidiariedade" na Constituição de 1988 traduz nada menos que uma "captura ideológica do texto"[55].

Ao Estado brasileiro não é permitido esperar, passivamente, que a iniciativa privada busque a satisfação de interesses coletivos, senão que está obrigado a concretizar, através de políticas públicas e serviços públicos, os

---

de Direito Administrativo & Constitucional, Belo Horizonte, ano 13, n. 53, jul./set. 2013. Disponível em: <http://www.bidforum.com.br/bid/PDI0006.aspx?pdiCntd=97395>. Acesso em: 4 mar. 2014, p. 1.

[54] Afirma o Professor Romeu Felipe Bacellar Filho: "Ocorre que, como se pode perceber, esta *residualidade*, pelo menos no panorama brasileiro, não pode ser usada como justificativa para alienação do patrimônio público a entes privados (a não ser como falso argumento) já que não são poucas as tarefas estatais nela compreendidas. Assume-se: restará, sempre, o perigo de concretizarmos a visão aterrorizante de abandono do 'Estado de Bem Estar do Cidadão' para o 'Estado de Bem Estar das Empresas e das Corporações Econômicas" (*Direito Administrativo e o novo Código Civil*. Belo Horizonte: 2009, p. 91 e 92).

[55] SOUZA NETO, Cláudio Pereira de; MENDONÇA, José Vicente Santos de. Fundamentalização e fundamentalismo na interpretação do princípio constitucional da livre iniciativa. *In:* SOUZA NETO, Cláudio Pereira de; SARMENTO, Daniel (Coord.). *A constitucionalização do Direito: fundamentos teóricos e aplicações específicas*. Rio de Janeiro: Lumen Juris, 2007, p. 734-741.

CAPÍTULO I – AS ATIVIDADES ADMINISTRATIVAS À LUZ DA ORDEM...

direitos fundamentais contemplados na Constituição Federal. Valendo-nos das palavras do Professor Emerson Gabardo, "o adequado fundamento para o fomento de qualquer atuação privada pelo Estado exige a avaliação em concreto do interesse público na atividade. *Portanto, implica uma análise de mérito e não uma aplicação apriorística de um princípio fundante*" (grifos nossos)[56].

Se em matéria de fomento já nos parece equivocada a aplicação do princípio da subsidiariedade, *em matéria de serviços públicos a invocação do aludido princípio configura um erro grosseiro*, acintoso ao nosso texto constitucional. O Estado presta serviços públicos porque lhe foi confiada esta missão pela Carta Magna, e não por uma suposta incapacidade dos particulares de prestá-los[57]. Em outros torneios, os serviços públicos traduzem o campo próprio do Estado, assim como a atividade econômica constitui o campo próprio dos particulares[58].

Em resumo, impõe-se uma leitura da atividade de fomento enquanto valioso instrumento do Estado Social de Direito brasileiro para consecução de suas finalidades. Não se trata, como dito, de uma atividade subsidiária, incidente sobre deficiências do mercado[59], mas de uma atuação planejada do Estado destinada à efetivação de interesses públicos[60].

---

[56] RESENDE, Augusto César Leite de; Gabardo, Emerson. A atividade administrativa de fomento na gestão integrada de resíduos sólidos em perspectiva com o desenvolvimento sustentável. *A&C – Revista de Direito Administrativo & Constitucional*, Belo Horizonte, ano 13, n. 53, jul./set. 2013. Disponível em: <http://bid.editoraforum.com.br/bid/PDI0006.aspx?pdiCntd=97394>. Acesso em: 4 mar. 2014, p. 13.

[57] AFONSO DA SILVA, José. *Curso de Direito Constitucional Positivo*, 37ª ed. São Paulo: Malheiros, 2014, p. 815; MARTINS, Ricardo Marcondes. *Regulação Administrativa à luz da Constituição Federal*. São Paulo: Malheiros, 2011, p. 271.

[58] BANDEIRA DE MELLO, Celso Antônio. *Curso de Direito Administrativo*, 31ª ed. São Paulo: Malheiros, 2014, p. 703 e 704.

[59] GARCÍA-PELAYO, Manuel. *As transformações do Estado contemporâneo*. Rio de Janeiro: Forense, 2009, p. 7.

[60] O Professor Federico A. Castillo Blanco registra, acertadamente, a influência dos modelos de Estado sobre a atividade de fomento (La actividad de fomento: evolución histórica y tratamiento constitucional. *In*: SANAGUSTÍN, Mario Garcés; OLMEDA, Alberto Palomar (Coord.). *Derecho de las subvenciones y ayudas públicas*. Madri: Arazandi, 2011, pp. 46-54).

RAFAEL VALIM

2 PANORAMA DAS ATIVIDADES ADMINISTRATIVAS

À luz da mencionada indissociabilidade entre o Direito Constitucional e o Direito Administrativo, é induvidoso que o advento do Estado Social de Direito provocou um profundo alargamento e diversificação das atividades administrativas[61], as quais, na aguda observação de Adolfo Merkl, são "los termómetros de la cultura nacional, indicadores de las orientaciones de las dominantes políticas"[62].

As Administrações Públicas passaram a assumir novos deveres perante a sociedade, inteiramente desconhecidos em outros momentos históricos, e, com isso, o raio de atuação e a complexidade do Direito Administrativo se ampliaram exponencialmente.

Nesse cenário, José Bermejo Vera chega a afirmar que "cualquier intento de delimitar conceptualmente la variadísima gama de acciones administrativas, desde cualquier punto de vista que se adopte, está condenado al fracaso"[63].

Não obstante, porém, a acentuada *heterogeneidade* das atividades administrativas[64], a que se soma o seu caráter contingente e variável, parece-nos útil a sua *tipificação*, de sorte a singularizar específicos regimes jurídicos.

O Professor Daniel Hugo Martins, com inteira procedência, exalta a necessidade de estudo das atividades que estão a cargo da Administração Pública e, citando Giuseppe Cataldi, sugere que o jurista, neste particular, deve "a) interpretar las normas referentes a las distintas actividades de la Administración conforme a los princípios generales; b) investigar la

---

[61] WOLFF, Hans J.; BACHOF, Otto; STOBER, Rolf. *Direito Administrativo*, vol. I. Lisboa: Fundação Calouste Gulbenkian, 2006, p. 65; SANTOFÍMIO GAMBOA, Jaime Orlando. *Tratado de Derecho Administrativo*, t. I, 3ª ed. Bogotá: Universidad Externado de Colombia, 2007, p. 38.

[62] MERKL, Adolfo. *Teoría general del Derecho Administrativo*. Granada: Comares, 2004, p. 289.

[63] *Derecho Administrativo: parte especial*, 7ª ed. Madri: Civitas, 2009, p. 45.

[64] BANDEIRA DE MELLO, Celso Antônio. *Curso de Direito Administrativo*, 31ª ed. São Paulo: Malheiros, 2014, p. 685; SANTAMARÍA PASTOR, Juan Alfonso. *Princípios de Derecho Administrativo general*, vol. II, 2ª ed. Madri: Iustel, 2009, p. 251.

CAPÍTULO I – AS ATIVIDADES ADMINISTRATIVAS À LUZ DA ORDEM...

validez de los principios generales, confrontándolos con la legislación especial; c) deducir los principios generales de cada materia especial"[65].

Registre-se, oportunamente, que, dentro da doutrina jusadministrativista brasileira, poucos se ocuparam, com profundidade, da sistematização das atividades administrativas[66]. Testemunha-se um notável esforço na delimitação de determinadas atividades administrativas, sobretudo a atividade de polícia e a atividade de serviço público, mas faltam estudos vocacionados a organizar coerentemente o conjunto das atividades desempenhadas pela Administração Pública.

Ademais, nos últimos anos se verifica uma clara tendência à elaboração de *classificações setoriais* da ação administrativa, em detrimento de sistematizações que permitam ordenar de maneira transversal as atividades administrativas[67]. É nessa conjuntura que se assiste à proliferação de estudos dedicados aos setores sobre os quais recai a atuação administrativa, tais como: saneamento básico, telecomunicações, portos, petróleo e gás, energia elétrica e rodovias.

Para os nossos propósitos, importa explicitar, ainda que a breve trecho, o método de que nos valeremos para identificação das atividades administrativas e, em seguida, indicar as suas principais espécies.

2.1 CLASSIFICAÇÃO E TIPIFICAÇÃO

A realidade pode ser organizada segundo dois expedientes lógicos: a *classificação* e a *tipificação*[68].

---

[65] *Introducción al Derecho Administrativo: fundamentos históricos, políticos, filosóficos y jurídicos.* Montevidéu: Fundación de Cultura Universitaria, 1982, p. 120.

[66] Um exemplo recente de preocupação com a sistematização das atividades administrativas: FREIRE, André Luiz. *O regime de direito público na prestação de serviços públicos por pessoas privadas.* São Paulo: Malheiros, 2014, p. 74 e ss.

[67] CEPEDA, Gladys Camacho. Las modalidades de la actividad administrativa y los principios que rigen la actuación de la Administración del Estado. *In:* PANTOJA BAUZÁ, Rolando (Coord.). *Derecho Administrativo Chileno.* Cidade do México: Porrúa, 2007, p. 156 e 157.

[68] DERZI, Misabel de Abreu Machado. *Direito Tributário, Direito Penal e tipo*, 2ª ed. São Paulo: Revista dos Tribunais, 2007, p. 102-104; COSTA, Regina Helena. *Praticabilidade*

Embora o *tipo* e a *classe* configurem formas ordenadoras que agrupam objetos abrangidos por um conceito, eles não se confundem. Enquanto a classificação permite uma arrumação exaustiva da realidade, à vista de um determinado critério rígido e inflexível, a tipificação conduz a uma descrição reconhecidamente aberta e incompleta da realidade[69].

A ciência do Direito Administrativo oferece interessantes exemplos dos mencionados métodos. O célebre debate acerca da *classificação* das funções estatais é um deles. A despeito do critério eleito pelo estudioso – subjetivo, objetivo-material, objetivo-formal [70]–, por meio desta classificação se alcança uma compreensão completa das funções do Estado. Já no tocante à *tipificação*, é de aludir-se ao frequente arrolamento dos atos administrativos em espécie[71]. Verifica-se, neste caso, uma rica descrição das notas caracterizadoras dos diversos tipos de atos administrativos, todos articulados sobre uma base comum, sem a pretensão, entretanto, de esgotar a multiforme realidade jurídico-administrativa.

Advirta-se de que empregamos o conceito de "tipo" enquanto instrumento gnosiológico, ou seja, como forma de ordenação do conhecimento jurídico. Estamos, portanto, nos domínios da *linguagem da ciência do direito*[72].

Ademais, a redução a tipos ostenta uma virtude de importância transcendente, qual seja: *possibilita a inserção de conceitos em um contexto*

---

e justiça tributária: exequibilidade de lei tributária e direitos do contribuinte. São Paulo: Malheiros, 2007, p. 30-38.

[69] ENGISCH, Karl. *La idea de concreción en el Derecho y en la Ciencia Jurídica actuales*. Granada: Comares, 2004, p. 353-424.

[70] BANDEIRA DE MELLO, Celso Antônio. *Curso de Direito Administrativo*, 31ª ed. São Paulo: Malheiros, 2014, p. 32-36.

[71] BANDEIRA DE MELLO, Celso Antônio. *Curso de Direito Administrativo*, 31ª ed. São Paulo: Malheiros, 2014, p. 442-452; ZANELLA DI PIETRO, Maria Sylvia. *Direito Administrativo*, 27ª ed. São Paulo: Atlas, 2014, p. 236-246; ROCHA, Silvio Luís Ferreira da. *Manual de Direito Administrativo*. São Paulo: Malheiros, 2013, p. 321-332.

[72] VILANOVA, Lourival. *Estruturas lógicas e o sistema do direito positivo*. São Paulo: Noeses, 2005, p. 162-166.

CAPÍTULO I – AS ATIVIDADES ADMINISTRATIVAS À LUZ DA ORDEM...

elaborado sob idênticos pressupostos. A propósito, resulta imprescindível a transcrição das palavras do Professor Giuseppe Pericu: "la riduzione a tipo giuridico differisce da altre forme di classificazione in quanto le nozioni elaborate con il primo di tali procedimenti trovano una precisa collocazione in un contesto concettuale costituito da nozioni formate su identici presupposti"[73].

Nestes termos, imperioso reconhecer que a elevada heterogeneidade e dinamicidade das atividades administrativas é incompatível com a rigidez do expediente classificatório e reclama exatamente a permeabilidade conceitual do pensamento tipológico.

Formuladas estas brevíssimas considerações de ordem metodológica, passemos ao exame das principais atividades administrativas dedutíveis do Direito brasileiro.

2.2 ESPÉCIES DE ATIVIDADES ADMINISTRATIVAS

É de rigor não confundir as *vias técnico-jurídicas de ação administrativa* com as *atividades administrativas*[74]. Enquanto aquelas constituem os *instrumentos formais* por meio dos quais opera a Administração Pública – ato administrativo, regulamento, processo administrativo e contrato administrativo –, estas traduzem o *conteúdo típico* das ações administrativas. No dizer singelo do Professor Santamaría Pastor, as atividades administrativas traduzem "qué cosas hace la Administración", ao passo que as vias técnico-jurídicas significam "cómo las hace"[75].

Naturalmente, o reconhecimento das atividades administrativas resulta de generalizações do sistema normativo. Quer-se com isso significar

---

[73] PERICU, Giuseppe. *Le sovvenzioni come strumento di azione amministrativa*, v. I. Milão: Giuffrè, 1967, p. 93.

[74] BANDEIRA DE MELLO, Celso Antônio. *Curso de Direito Administrativo*, 31ª ed. São Paulo: Malheiros, 2014, p. 685; GAUDEMET, Yves. *Droit Administratif*, 20ª ed. Paris: LGDJ, 2012, p. 370.

[75] SANTAMARÍA PASTOR, Juan Alfonso. *Princípios de Derecho Administrativo general*, t. II, 2ª ed. Madri: Iustel, 2009, p. 19.

que a individualização de determinada atividade administrativa deve radicar em traços jurídicos-positivos que permitam identificar a sua *intimidade estrutural*[76]. Elementos extrajurídicos ou mesmo os fins colimados pelas atividades administrativas não são idôneos a categorizá-las[77]. Nas precisas palavras do Professor Garrido Falla: "hay que insistir, sin embargo, en que la distinción entre las diversas formas de la actividad administrativa no está tanto en el fin perseguido cuanto en el *modus operandi*, esto es, en lo que la doctrina moderna ha dado en llamar de 'técnicas operativas de la Administración'"[78].

Assim, a título exemplificativo, não é porque a desapropriação para fins de reforma agrária, modalidade expropriatória prevista no artigo 184 da Constituição Federal e de competência exclusiva da União, destina-se a favorecer a função social da propriedade agrária que ela deve ser entendida como espécie de "fomento rural"[79]. Trata-se, induvidosamente, de manifestação da *atividade ablatória*, ou, precisamente, de *sacrifício de direito*.

---

[76] Anota, acertadamente, o Professor Germán Fernández Farreres: "Por ello, lo verdaderamente relevante para distinguir los modos de acción administrative es su componente estructural y no tanto su orientación teleológica" (La actividad de fomento. *In:* CANO CAMPOS, Tomás (Coord.). *Lecciones y materiales para el estudio del Derecho Administrativo*, tomo III. Madri: Iustel, 2009, p. 148).

[77] Com o devido respeito, divergimos neste particular do Professor Diogo de Figueiredo Moreira Neto (*Curso de Direito Administrativo*, 16ª ed. Rio de Janeiro: Forense, 2014, p. 579).

[78] GARRIDO FALLA, Fernando. *Tratado de Derecho Administrativo*, v. 2, 10ª ed. Madri: Tecnos, 1992, p. 300; MARTÍNEZ LÓPEZ-MUÑIZ, José Luis. La actividad administrativa dispensadora de ayudas y recompensas: una alternativa conceptual al fomento en la teoria de los modos de acción de la Administración pública. *In:* MORANT, Rafael Gómez-Ferrer (Coord.). *Libro homenaje al profesor José Luis Villar Palasi*. Madri: Civitas, 1989, p. 756. Pensa de igual modo o Professor José Roberto Pimenta Oliveira, cujas palavras são dignas de transcrição: "A distinção entre as demais atividades não está no elemento finalístico, senão que na técnica jurídica operativa de estruturação ou criação do vínculo jurídico-administrativo entre particular fomentado e Administração fomentadora" (OLIVEIRA, José Roberto Pimenta. *Os princípios da razoabilidade e da proporcionalidade no Direito Administrativo brasileiro*. São Paulo: Malheiros, 2006, p. 27).

[79] A afirmação de que a desapropriação rural por interesse social traduz "fomento rural" pertence ao Professor Diogo de Figueiredo Moreira Neto (*Curso de Direito Administrativo*, 16ª ed. Rio de Janeiro: Forense, 2014, p. 595).

CAPÍTULO I – AS ATIVIDADES ADMINISTRATIVAS À LUZ DA ORDEM...

São inúmeras as tipologias das atividades administrativas na doutrina nacional. Há desde concepções tricotômicas – fomento, polícia administrativa e serviço público –[80], fundadas nos célebres ensinamentos de Luis Jordana de Pozas[81], até enumerações altamente pormenorizadas do plexo de atividades administrativas.[82]

Merece especial referência à tipologia oferecida pelo eminente Professor Celso Antônio Bandeira de Mello, para quem são identificáveis as seguintes atividades administrativas: *serviços públicos*; *intervenção do Estado no domínio econômico e social*; *limitações administrativas à liberdade e à propriedade ou "poder de polícia"*; *imposição das sanções previstas para as infrações administrativas*; *sacrifícios de direitos*; e, finalmente, *gestão dos bens públicos*[83].

Acompanhamos, com ligeiras adaptações terminológicas, as lições do Professor Celso Antônio Bandeira de Mello a este respeito. Com efeito, divisamos as seguintes atividades administrativas: (i) *serviço público*; (ii) *atividade de polícia administrativa*; (iii) *atividade ablatória* (iv) *atividade sancionatória*; (v) *atividade econômica*; (vi) *atividade de gestão dos bens públicos*; (vii) *atividade verificadora*; (viii) *atividade de fomento*.

Para evitar disputas logomáquicas, empreendamos uma rápida descrição das aludidas atividades administrativas.

Com efeito, os *serviços públicos* são atividades materiais de oferecimento de comodidades e utilidades, fruíveis singularmente pelos administrados e que o Estado assume como próprias[84], prestando-as diretamente ou patrocinando-lhes a execução[85]. Na dicção precisa de

---

[80] ZANELLA DI PIETRO, Maria Sylvia. *Direito Administrativo*, 27ª ed. São Paulo: Atlas, 2014, p. 55-57.

[81] Ver item 3.1 deste capítulo.

[82] MEDAUAR, Odete. *Direito Administrativo Moderno*, 16ª ed. São Paulo: Revista dos Tribunais, 2012, p. 117 e 118.

[83] BANDEIRA DE MELLO, Celso Antônio. *Curso de Direito Administrativo*, 31ª ed. São Paulo: Malheiros, 2014, p. 684.

[84] GROTTI, Dinorá Adelaide Musetti. *O serviço público e a Constituição de 1988*. São Paulo: Malheiros, 2003, p. 87.

[85] BANDEIRA DE MELLO, Celso Antônio. *Curso de Direito Administrativo*, 31ª ed. São Paulo: Malheiros, 2014, p. 689.

Marcello Caetano, são serviços organizados a fim de satisfazer uma "necessidade coletiva individualmente sentida"[86].

A *atividade de polícia administrativa*, por sua vez, compreende as limitações administrativas à liberdade e à propriedade ou, sob outro rótulo, os condicionamentos administrativos de direitos. Trata-se de atividade de harmonização dos interesses individuais com os interesses da coletividade, cuja vetusta denominação, malgrado reputemos altamente indesejável, mercê de sua inegável raiz autoritária[87], continuamos a empregar porquanto amplamente acolhida no direito positivo brasileiro[88].

Ao lado da atividade de polícia administrativa, mediante a qual se delineia o perfil dos direitos, colocam-se as técnicas de sacrifícios de direitos, as quais conformam a *atividade administrativa ablatória*. Estão abarcadas nesta atividade a desapropriação, a requisição, a servidão e o tombamento, institutos de que se vale o Estado para eliminar ou restringir, legitimamente, os direitos dos administrados.

Já a *atividade sancionatória* traduz a ação da Administração Pública preordenada à apuração de infrações administrativas e ao estabelecimento das correspondentes sanções administrativas, nos termos da lei. Não se confunde, pois, com a atividade de polícia administrativa, tampouco com a atividade ablatória, na medida em que, como bem

---

[86] *Princípios fundamentais do Direito Administrativo*. Coimbra: Almedina, 2003, p. 216.

[87] Defendem o abandono da expressão "poder de polícia": GORDILLO, Agustín. *Tratado de Derecho Administrativo*, t. 2, 5ª ed. Belo Horizonte: Del Rey, 2003, pp. V1-V-21; FIGUEIREDO, Lúcia Valle. *Curso de Direito Adminstrativo*, 9ª ed. São Paulo: Malheiros, 2008, p. 304 e ss.; FONSECA PIRES, Luis Manuel. *Limitações administrativas à liberdade e à propriedade*. São Paulo: Quartier Latin, 2006, p. 155.

[88] Basta lembrar que a própria Constituição Federal se vale da expressão: "Art. 145. A União, os Estados, o Distrito Federal e os Municípios poderão instituir os seguintes tributos: (...) II – taxas, em razão do exercício do *poder de polícia* ou pela utilização, efetiva ou potencial, de serviços públicos específicos e divisíveis, prestados ao contribuinte ou postos a sua disposição" (grifamos). Também se utilizam da locução, ainda que a censurando: BANDEIRA DE MELLO, Celso Antônio. *Curso de Direito Administrativo*, 31ª ed. São Paulo: Malheiros, 2014, p. 839 e 840; GARCIA VITTA, Heraldo. *Poder de Polícia*. São Paulo: Malheiros, 2010, p. 19 e 20; BEZNOS, Clóvis. *Poder de Polícia*. São Paulo: Revista dos Tribunais, 1979, p. 46-60.

CAPÍTULO I – AS ATIVIDADES ADMINISTRATIVAS À LUZ DA ORDEM...

assinala o Professor José Roberto Pimenta Oliveira, pressupõe o ilícito administrativo[89].

Assiste à Administração Pública, ademais, atuar diretamente no domínio econômico, ora *participando* do mercado, ora o *absorvendo*, em regime monopolístico, nos termos da Constituição Federal. Eis a *atividade econômica* do Estado, desempenhada por empresas públicas ou sociedades de economia mista, as quais, nunca é demais lembrar, diferentemente das empresas privadas, estão teleologicamente orientadas à satisfação de interesses públicos e não à busca do lucro. Anote-se ainda que, na perspectiva ora adotada, não se incluem na atividade econômica do Estado as intervenções por "direção" e por "indução", no léxico do Professor Eros Grau, visto que estas estão abrigadas, respectivamente, na atividade de polícia administrativa e na atividade de fomento[90].

A *atividade de gestão dos bens públicos* contempla a ação administrativa voltada à aquisição, utilização e alienação de bens integrantes do domínio público[91].

Também é possível reconhecer uma *atividade verificadora* da Administração Pública, preordenada à apuração ou documentação de uma situação de fato ou de direito[92]. São exemplos desta importante atividade os atos notariais e de registro, previstos no art. 236 da Constituição Federal e disciplinados na Lei n. 9.835/94.[93]

---

[89] OLIVEIRA, José Roberto Pimenta. *Os princípios da razoabilidade e da proporcionalidade no Direito Administrativo brasileiro.* São Paulo: Malheiros, 2006, p. 472.

[90] GRAU, Eros Roberto. *A ordem econômica na Constituição de 1988*, 13ª ed. São Paulo: Malheiros, 2008, p. 147.

[91] Sobre o tema: ABE, Nilma de Castro. *Gestão do patrimônio público imobiliário*, 2ª ed. Belo Horizonte: Fórum, 2013.

[92] BANDEIRA DE MELLO, Celso Antônio. *Curso de Direito Administrativo*, 32ª ed. São Paulo: Malheiros, 2015, p. 431. Outrora o Professor Celso Antônio Bandeira de Mello nominou esta atividade de "intervenção em atos e fatos da vida dos particulares para lhes conferir certeza e segurança jurídicas" (BANDEIRA DE MELLO, Celso Antônio. *Prestação de serviços públicos e Administração Indireta.* São Paulo: RT, 1973, p. 17), no que foi seguido pela Professora Lúcia Valle Figueiredo (FIGUEIREDO, Lúcia Valle. *Curso de Direito Administrativo*, 9ª ed. São Paulo: Malheiros, 2008, p. 77).

[93] RIBEIRO, Luís Paulo Aliende. *Regulação da função pública notarial e de registro.* São Paulo: Saraiva, 2009, p. 41-56; GONÇALVES, Pedro António Pimenta da Costa. *Entidades*

A *atividade de fomento*, por fim, reúne as técnicas de transferências de bens e direitos em favor de sujeitos de direito privado, sem contraprestação ou com contraprestações em condições facilitadas, com vistas à satisfação direta ou indireta de interesses públicos.

Como este repertório conceitual na retentiva, passemos a um exame mais detido da atividade de fomento, visto que nela habitam as relações jurídico-subvencionais.

3 APROXIMAÇÃO AO SIGNIFICADO DA ATIVIDADE DE FOMENTO

Malgrado a atividade de fomento seja desempenhada há muitos séculos[94], a sua teorização é recente e, no contexto brasileiro, ainda muito embrionária. Enquanto a polícia administrativa e o serviço público desfrutam de uma posição privilegiada na doutrina nacional, ostentando notável sofisticação teórica, a atividade de fomento continua a receber escassa atenção dos estudiosos.

Sublinhe-se que, embora tenhamos em conta as críticas dirigidas ao termo "fomento", as quais vêm habitualmente acompanhadas de propostas de substituição por outros rótulos como, por exemplo, "ajudas públicas"[95], continuamos a empregá-lo mercê de sua ampla aceitação na legislação e doutrina nacionais.

---

privadas com poderes públicos: o exercício de poderes públicos de autoridade por entidades privadas com funções administrativas. Coimbra: Almedina, 2008, p. 585 e ss.

[94] VILLAR PALASÍ, José Luís. Las técnicas administrativas de fomento y de apoyo al precio político. *Revista de Administración Pública*, pp. 16 e ss; PARADA, Ramón. *Derecho Administrativo*, vol. I, 15ª ed. Madri: Marcial Pons, 2004, p. 390.

[95] MARTÍNEZ LÓPEZ-MUÑIZ, José Luis. La actividad administrativa dispensadora de ayudas y recompensas: una alternativa conceptual al fomento en la teoria de los modos de acción de la Administración pública. *In*: MORANT, Rafael Gómez-Ferrer (Coord.). *Libro homenaje al profesor José Luis Villar Palasi*. Madri: Civitas, 1989, pp. 757 e 758; DE LA RIVA, Ignacio M. La figura del fomento: necesidad de encarar una revisión conceptual. *In: Servicio público, policía y fomento*. Buenos Aires: Ediciones RAP, 2004, p. 413-422.

CAPÍTULO I – AS ATIVIDADES ADMINISTRATIVAS À LUZ DA ORDEM...

A esta altura, convém esboçar as origens da concepção teórica de fomento e identificar os seus traços mais salientes.

3.1 A FORMULAÇÃO CLÁSSICA DE LUIS JORDANA DE POZAS

Nos albores do século XX, a doutrina francesa costumava classificar a atividade administrativa entre *atividade de polícia (activité de police)* e atividade de serviço público *(activité de service public)*. De igual modo, na Alemanha se estremava uma atividade ordenadora de uma atividade prestacional[96].

Em célebre artigo publicado em 1949[97], Luis Jordana de Pozas, um dos mestres da geração espanhola dos anos 20 do século passado, inspirado na doutrina italiana[98], acrescentou à então prevalente concepção dual das atividades administrativas *a atividade de fomento*, entendida como "la acción de la Administración encaminada a proteger o promover aquellas actividades, establecimientos o riquezas debidos a los particulares y que satisfacen necesidades públicas o se estiman de utilidad general, sin usar de la coacción ni crear servicios públicos"[99].

Segundo o festejado autor, enquanto a polícia administrativa *previne* e *reprime*, o fomento *protege* e *promove*, sem fazer uso da coação. No

---

[96] DE LA CUÉTARA, Juan Miguel. *La actividad de la Administración*. Madri: Tecnos, 1983, p. 90 e 91.

[97] JORDANA DE POZAS, Luis. Ensayo de una teoría del fomento en el Derecho Administrativo. *Revista de Estudios Políticos*, p. 41-54.

[98] As lições de Presutti sobre as formas de intervenção estatal (*Principi fondamentali di Scienza della'Amministrazione*. Milão: 1903, p. 47 e ss) é que inspiraram Luis Jordana de Pozas (CASTILLO BLANCO, Federico A. La actividad de fomento: evolución histórica y tratamento constitucional. *In:* SANAGUSTÍN, Mario Garcés; OLMEDA, Alberto Palomar (Coord.). *Derecho de las subvenciones y ayudas públicas*. Madri: Arazandi, 2011, p. 42; GARRIDO FALLA, Fernando. *Tratado de Derecho Administrativo*, v. 2, 10ª ed. Madri: Tecnos, 1992, p. 120).

[99] JORDANA DE POZAS, Luis. Ensayo de una teoría del fomento en el Derecho Administrativo. *Revista de Estudios Políticos*, p. 46.

RAFAEL VALIM

tocante aos serviços públicos, enquanto por meio destes a Administração Pública realiza *diretamente* os interesses públicos, na atividade de fomento há apenas estímulos para que os particulares satisfaçam, *voluntária e indiretamente*, os fins perseguidos pela Administração Pública[100].

A fortuna desta classificação foi surpreendente, tendo se convertido, até os dias atuais, em ponto de partida obrigatório na análise do tema[101]. Ainda que há décadas sobre ela pesem críticas, não há como deixar de reconhecer o seu elevado préstimo científico.

O êxito do Professor Luis Jordana de Pozas não se limitou, entretanto, à classificação tricotômica das atividades administrativas. As duas categorizações que propôs dos meios de fomento – segundo a forma de atuação da Administração sobre a vontade dos particulares e os tipos de vantagens outorgadas –, até hoje ecoam com grande força na doutrina jusadministrativista.

Com efeito, tendo em vista a forma de atuação da Administração sobre a vontade do particular, poderiam os meios de fomento ser qualificados como *positivos* – outorga de vantagens – ou *negativos* – oposição de obstáculos à realização de determinadas atividades[102].

Por outro lado, sob a ótica dos tipos de vantagens outorgadas aos particulares, os meios de fomento poderiam ser divididos em *honoríficos, econômicos e jurídicos*[103]. Os meios honoríficos compreenderiam as distinções, condecorações e recompensas deferidas como reconhecimento público de um ato ou de uma conduta exemplar. Já os meios econômicos determinariam a transferência de uma soma de dinheiro ou a dispensa de

---

[100] JORDANA DE POZAS, Luis. Ensayo de una teoría del fomento en el Derecho Administrativo. *Revista de Estudios Políticos*, p. 46.

[101] GARRIDO FALLA, Fernando. La idea de fomento en el Profesor Jordana de Pozas. *In: Don Luis Jordana de Pozas: creador de ciencia administrativa*. Madri: Universidad Complutense, 2000, p. 420 e 421.

[102] JORDANA DE POZAS, Luis. Ensayo de una teoría del fomento en el Derecho Administrativo. *Revista de Estudios Políticos*, pp. 51 e 52.

[103] JORDANA DE POZAS, Luis. Ensayo de una teoría del fomento en el Derecho Administrativo. *Revista de Estudios Políticos*, p. 52.

CAPÍTULO I – AS ATIVIDADES ADMINISTRATIVAS À LUZ DA ORDEM...

um pagamento obrigatório. Por fim, os meios jurídicos se caracterizariam pela concessão de uma posição privilegiada que, de modo indireto, representaria vantagens econômicas ou de segurança.

Ao longo da presente investigação, refletiremos criticamente sobre estas ideias do Professor Luis Jordana de Pozas.

3.2 TRAÇOS FUNDAMENTAIS DA ATIVIDADE DE FOMENTO

Conquanto mais adiante venhamos a nos ocupar da definição da atividade de fomento à vista do Direito Positivo brasileiro, parece-nos que esta atividade ostenta um significado mínimo e indisputável, sobre o qual repousam as características jurídico-positivas correspondentes a cada sistema normativo.

Nesse sentido, anote-se, de plano, que a atividade de fomento traduz exercício da função administrativa e, por isso, jamais pode ser vista como uma "liberalidade" da Administração[104]. Em verdade, não há espaço no Direito Administrativo para atos de liberalidade, porquanto o interesse público não se acha entregue ao líbito do administrador. Daí proclamar-se, no Direito Administrativo francês, um "princípio de interdição de liberalidades"[105] e, no Direito Administrativo brasileiro, reconhecer-se o princípio da indisponibilidade do interesse público como um dos pilares fundamentais do sistema de Direito Administrativo[106].

A Administração Pública, ao transferir, a título de fomento, bens em prol de particulares, sem contraprestação ou com contraprestações em condições mais favoráveis do que as de mercado, não está distribuindo

---

[104] OLIVEIRA, José Roberto Pimenta. *Os princípios da razoabilidade e da proporcionalidade no Direito Administrativo brasileiro*. São Paulo: Malheiros, 2006, p. 518.

[105] Ver item 2 da parte 3.

[106] BANDEIRA DE MELLO, Celso Antônio. *Curso de Direito Administraivo*, 31ª ed. São Paulo: Malheiros, 2014, p. 57.

"benesses", senão que, simplesmente, implementando um meio legítimo para a consecução de finalidades públicas.

Acresça-se que a *atividade de fomento é dirigida aos particulares*, ou seja, em um dos polos da relação jurídica de fomento devem comparecer, necessariamente, sujeitos de direito privado[107]. Malgrado as respeitáveis opiniões contrárias[108], não se nos afigura admissível o fomento em proveito de sujeitos de direito público por uma razão muito singela: estes, porque exercentes de *função*, têm o *dever* de atingir as finalidades públicas que a ordem jurídica lhes assinala. Não há que encorajá-los ou estimulá-los a cumprir seus misteres[109]. É evidente, destarte, a incompatibilidade entre a lógica que preside as competências públicas[110] e a finalidade da atividade de fomento. O Professor Héctor Jorge Escola esclarece com maestria esta questão:

> Dentro de este concepto, como se advierte, no se incluye, como lo pretenden algunos autores, la posibilidad de una acción de fomento dirigida hacia ciertos órganos o entes administrativos, puesto que estando delimitada la actividad de éstos por la competencia que normativamente les ha sido asignada, cuyo ejercicio y cumplimiento constituyen siempre no sólo una atribución sino también un deber, tal fomento no sería doctrinalmente admisible, pudiendo revestir, en cambio, el carácter de una coparticipación interadministrativa, para la obtención de finalidades comunes[111].

---

[107] Ver item 1.1 da parte 2.

[108] MOREIRA NETO, Diogo de Figueiredo. *Curso de Direito Administrativo*, 16ª ed. Rio de Janeiro: Forense, 2014, p. 579; MELLO, Célia Cunha. *O fomento da administração pública*. Belo Horizonte: Del Rey, 2003, p. 32; OLIVEIRA, José Roberto Pimenta. *Os princípios da razoabilidade e da proporcionalidade no Direito Administrativo brasileiro*. São Paulo: Malheiros, 2006, p. 518; GARRIDO FALLA, Fernando. *Tratado de Derecho Administrativo*, v. 2, 10ª ed. Madri: Tecnos, 1992, p. 301.

[109] CUESTA, Rodrigo. *La subvención*. Buenos Aires: Abeledo-Perrot, 2012, p. 58.

[110] É insuperável a definição de competência do Professor Celso Antônio Bandeira de Mello: "(...) a competência pode ser conceituada como o *círculo compreensivo de um plexo de deveres públicos a serem satisfeitos mediante o exercício de correlatos e demarcados poderes instrumentais, legalmente conferidos para a satisfação de interesses públicos*" (*Curso de Direito Administrativo*, 31ª ed. São Paulo: Malheiros, 2014, p. 148).

[111] ESCOLA, Héctor Jorge. *Compendio de Derecho Administrativo*, vol. II. Buenos Aires:

CAPÍTULO I – AS ATIVIDADES ADMINISTRATIVAS À LUZ DA ORDEM...

Em que pese a equivocada terminologia empregada em diversas legislações, inclusive na brasileira, as relações travadas entre sujeitos de direito público traduzem nada mais do que transferências patrimoniais interadministrativas cuja disciplina jurídica difere, a toda evidência, daquela incidente sobre as medidas de fomento[112].

Outra nota fundamental da atividade de fomento é a *voluntariedade*. Fomento obrigatório, coativo, é uma contradição em termos. As relações jurídico-administrativas nascidas no seio da atividade de fomento são marcadas pelo concurso da vontade do particular[113].

O último traço que conforma o núcleo conceitual do fomento está ligado à *ampliação da esfera jurídica dos administrados*, a significar que tal atividade implica, invariavelmente, a outorga de vantagens em favor dos particulares[114]. Daí se extrai a incoerência do chamado "fomento negativo" concebido por Luis Jordana de Pozas como "obstáculos o

---

Depalma, 1990, p. 859. Pensam do mesmo modo: ROCHA, Silvio Luís Ferreira da. *Terceiro Setor*, 2ª ed. São Paulo: Malheiros, 2006, pp. 24 e 25; ATAÍDE, Augusto de. *Elementos para um curso de direito administrativo da economia*. Lisboa: Centro de Estudos Fiscais da Direção-Geral das Contribuições e Impostos, 1970, p. 110 e 111; CUESTA, Rodrigo. *La subvención*. Buenos Aires: Abeledo-Perrot, 2012, p. 58; FREIRE, André Luiz. Responsabilidade patrimonial na atividade administrativa de fomento. *In*: SPARAPANI, Priscilia; ADRI, Renata Porto (coords.) *Intervenção do Estado no domínio econômico e no domínio social: homenagem ao Professor Celso Antônio Bandeira de Mello*. Belo Horizonte: Fórum, 2010, p. 165.

[112] Sobre o tema: CASSAGNE, Juan Carlos. Las relaciones inter-administrativas. *Revista Chilena de Derecho*, 2: 223-231; CUADROS, Oscar A. Los contratos interadministrativos en el régimen actual. *In: Cuestiones de contratos administrativos en homenaje a Julio Rodolfo Comadira*. Buenos Aires: Rap, 2007.

[113] MOREIRA NETO, Diogo de Figueiredo. *Curso de Direito Administrativo*, 16ª ed. Rio de Janeiro: Forense, 2014, p. 578; MELLO, Célia Cunha. *O fomento da administração pública*. Belo Horizonte: Del Rey, 2003, p. 30; SUNDFELD, Carlos Ari. *Direito Administrativo Ordenador*. São Paulo: Malheiros, 2003, p. 20; FREIRE, André Luiz. Responsabilidade patrimonial na atividade administrativa de fomento. *In*: SPARAPANI, Priscilia; ADRI, Renata Porto (coords.) *Intervenção do Estado no domínio econômico e no domínio social: homenagem ao Professor Celso Antônio Bandeira de Mello*. Belo Horizonte: Fórum, 2010, p. 166.

[114] CASSAGNE, Juan Carlos. *Derecho Administrativo*, t. II, 7ª ed. Buenos Aires, 2002, p. 343 e ss.

cargas creadas para dificultar por medios indirectos aquellas atividades o establecimientos contrarios a los que el gobernante quiere fomentar" e assimilado por muitos doutrinadores brasileiros[115]. Com o devido acatamento, o aludido "fomento negativo" é simplesmente uma manifestação da atividade de polícia e representa um claríssimo exemplo dos resultados infrutíferos a que rende ensejo uma visão teleológica das atividades administrativas[116].

Incursionemos agora no exame da compostura da atividade de fomento no Direito Administrativo brasileiro.

---

[115] SUNDFELD, Carlos Ari. *Direito Administrativo Ordenador*. São Paulo: Malheiros, 2003, p. 25; MARTINS, Ricardo Marcondes. *Regulação administrativa à luz da Constituição Federal*. São Paulo: Malheiros, 2011, p. 263.

[116] GARRIDO FALLA, Fernando. *Tratado de Derecho Administrativo*, v. 2, 10ª ed. Madri: Tecnos, 1992, p. 304; DE LA CUÉTARA, Juan Miguel. *La actividad de la Administración*. Madri: Tecnos, 1983, p. 304; MELLO, Célia Cunha. *O fomento da administração pública*. Belo Horizonte: Del Rey, 2003, p. 89.

Capítulo II

O FOMENTO NO DIREITO ADMINISTRATIVO BRASILEIRO

1 O CONCEITO DE FOMENTO

Como é de geral sabença, a formulação de um conceito jurídico importa a circunscrição do direito positivo segundo alguns traços *convencionalmente* estabelecidos. Na clássica lição de Genaro Carrió, não há conceitos verdadeiros ou falsos, senão que conceitos úteis ou inúteis sob os pontos de vista científico, didático ou prático[117].

A extensão dos conceitos, ademais, é inversamente proporcional à quantidade de critérios eleitos para a delimitação da realidade. É dizer: será tanto mais específico um conceito quanto mais numerosos forem os seus elementos e, inversamente, tanto mais genérico o será quanto menos elementos ostentar[118].

Na atualidade, grassa profunda divergência acerca do conceito de fomento[119], prevalecendo, de modo geral, definições em termos

---

[117] CARRIÓ, Genaro R. *Notas sobre derecho y lenguaje*, 4ª ed. Buenos Aires: Abeledo--Perrot, 1994, p. 99.

[118] BANDEIRA DE MELLO, Celso Antônio. *Ato administrativo e direito dos administrados*. São Paulo: Malheiros, 1981, p. 4.

[119] José Roberto Dromi chega a defender que a atividade de fomento carece de

negativos[120], por meio das quais se indica o que aquela atividade *não* significa, porém são insuficientes para circunscrever adequadamente o seu campo denotativo[121], ou concepções excessivamente abrangentes e, por essa mesma razão, de parca utilidade científica porque aglutinadoras de situações muito díspares[122].

Desta maneira, em atenção à necessidade de uma definição em termos positivos e restrita[123] da atividade de fomento, pode ser ela entendida como a *transferência de bens e direitos em favor de particulares, sem contraprestação ou com contraprestação em condições facilitadas, em ordem à satisfação direta ou indireta de interesses públicos.*

Dissequemos os termos desta definição, de modo a explicitar o seu universo denotativo.

---

contornos específicos (*Administración territorial y economia: la provincia, la región y el municipio en Argentina*. Madri: Instituto de Estudios de Administración Local, 1983, p. 241).

[120] Sobre as definições em termos negativos, adverte Irving M. Copi: "A razão para esta regra é que uma definição deve explicar o que um termo significa e não o que ele não significa. Isso é importante porque, para a grande maioria dos termos, há uma quantidade excessiva de coisas que *não* significam para que qualquer definição negativa tenha a possibilidade de abrangê-la toda" (*Introdução à lógica*, 3ª ed. São Paulo: Mestre Jou, 1981, p. 133). O Professor Oswaldo Aranha Bandeira de Mello comunga do mesmo entendimento: "As definições só devem ter termos positivos, bem como os seus elementos esclarecedores" (*Princípios de Direito Administrativo*, vol. I, 3ª ed. São Paulo: Malheiros, 2007, p. 201).

[121] A mais célebre definição em termos negativos da atividade de fomento é exatamente a de Jordana de Pozas: "la acción de la Administración encaminada a proteger o promover aquellas actividades, establecimientos o riquezas debidos a los particulares y que satisfacen necesidades públicas o se estiman de utilidad general, sin usar de la coacción ni crear servicios públicos" (Ensayo de una teoría del fomento en el Derecho Administrativo. *Revista de Estudios Políticos*, p. 46). A propósito, ver item 3.1 da parte 1.

[122] Exemplo de concepção excessivamente abrangente encontramos em Marcos Juruena Vilela Souto (*Aspectos jurídicos do planejamento econômico*, 2ª ed. Rio de Janeiro: Lumen Juris, 2000, p. 56-75) e Fernando Andrade de Oliveira (Conceituação do Direito Administrativo, *Revista de Direito Administrativo*, p. 32 e 33).

[123] O Professor José Roberto Pimenta Oliveira também postula uma definição mais restrita da atividade de fomento (*Os princípios da razoabilidade e da proporcionalidade no Direito Administrativo brasileiro*. São Paulo: Malheiros, 2006, p. 524).

CAPÍTULO II – O FOMENTO NO DIREITO ADMINISTRATIVO BRASILEIRO

1.1 TERMOS DA DEFINIÇÃO

O primeiro elemento a ser destacado é o da *"transferência de bens e direitos"*.

Significa dizer que a atividade de fomento implica, nas palavras do Professor Ramón Parada[124], uma *atribuição patrimonial* em favor dos administrados. Ou seja, há uma ampliação da esfera jurídica dos administrados mediante a translação de bens e direitos e não pela mera supressão de obrigações, deveres, encargos e limitações a direitos[125].

Como assinala o Professor Manuel María Diez, a atividade de fomento traduz *obrigações de dar*[126], em cuja estrutura relacional comparece o particular como sujeito ativo e a Administração Pública como sujeito passivo.

É também a partir deste traço conceitual que o Professor José Luis Martínez López-Muñiz, em um estudo de indispensável leitura, propõe, como alternativa à noção de fomento, uma "actividad administrativa dispensadora de ayudas y recompensas"[127].

O segundo componente da definição concerne aos destinatários das ações de fomento. Ao dizer-se *"em favor de particulares"*, pelas razões já declinadas acima, limita-se a atividade de fomento às transferências de bens e direitos em prol de sujeitos de direito privado, as quais não se confundem, em termos jurídicos, com as transferências patrimoniais interadministrativas[128].

---

[124] PARADA, Ramón. *Derecho Administrativo*, vol. I, 15ª ed. Madri: Marcial Pons, 2004, p. 396.

[125] VALIM, Rafael. *O princípio da segurança jurídica no Direito Administrativo brasileiro*. São Paulo: Malheiros, 2010, p. 86.

[126] Ver item 3.2 da parte 1.

[127] MARTÍNEZ LÓPEZ-MUÑIZ, José Luis. La actividad administrativa dispensadora de ayudas y recompensas: una alternativa conceptual al fomento en la teoria de los modos de acción de la Administración pública. *In:* MORANT, Rafael Gómez-Ferrer (Coord.). *Libro homenaje al profesor José Luis Villar Palasi*. Madri: Civitas, 1989, p. 757 e 758.

[128] ZANELLA DI PIETRO, Maria Sylvia. *Direito Administrativo*, 27ª ed. São Paulo: Atlas, 2014, p. 56.

O terceiro termo da definição atina à posição jurídica em que se insere o particular beneficiário da atividade de fomento. Como teremos a oportunidade de observar[129], o sujeito fomentado ora receberá bens e direitos sem contraprestação perante a Administração Pública – subvenções, subsídios e cessão gratuita de bens públicos –, ora receberá bens e direitos com a assunção de contraprestação em condições mais favoráveis que as praticadas no mercado – meios creditícios, cessão onerosa de bens públicos e participação minoritária do Estado em sociedades privadas. Isso justifica, portanto, a expressão *"sem contraprestação ou com contraprestação em condições facilitadas"* no conceito de fomento.

O último elemento da definição revela a finalidade da atividade fomentadora. Embora à primeira vista a expressão *"em ordem à satisfação direta ou indireta de interesses públicos"* possa parecer um truísmo, nela se encerra um traço decisivo do conceito de fomento que estamos a propugnar.

Ao contrário do que a maioria da doutrina defende[130], parece-nos que, no Direito brasileiro, a atividade de fomento não se limita a salvaguardar *indiretamente* os interesses públicos, senão que compreende relevantíssimos instrumentos de satisfação *direta* de interesses públicos.

Assim, a par das transferências de bens e direitos a fim de *estimular* atividades revestidas de interesse público – satisfação *indireta* de interesses públicos – , exsurgem transferências de bens e direitos destinadas à *proteger* direitos fundamentais[131] – satisfação *direta* de interesses públicos –, de que são exemplos no Brasil os programas de transferência de renda em favor de pessoas em situações de vulnerabilidade social[132].

---

[129] Ver item 3 deste capítulo.

[130] ROCHA, Silvio Luís Ferreira da. *Terceiro setor*, 2ª ed. São Paulo, 2006, p. 23; OLIVEIRA, José Roberto Pimenta. *Os princípios da razoabilidade e da proporcionalidade no Direito Administrativo brasileiro*. São Paulo: Malheiros, 2006, p. 516;

[131] VILLAR PALASÍ, José Luís. Las técnicas administrativas de fomento y de apoyo al precio politico. *Revista de Administración Pública*, 14:73; CUESTA, Rodrigo. *La subvención*. Buenos Aires: Abeledo-Perrot, 2012, p. 44.

[132] Vale citar a Lei n. 10.836/2004, instituidora do "Programa Bolsa Família".

CAPÍTULO II – O FOMENTO NO DIREITO ADMINISTRATIVO BRASILEIRO

Esclarecido o conceito da atividade de fomento, vejamos o tratamento que lhe empresta o texto constitucional.

2 A DISCIPLINA CONSTITUCIONAL DA ATIVIDADE DE FOMENTO

A Constituição Federal, ainda que sob terminologia vária e imprecisa, é prenhe de alusões, explícitas e implícitas, à atividade de fomento.

Já em seu pórtico, enuncia que constituem objetivos fundamentais da República Federativa do Brasil *garantir* o desenvolvimento nacional (art. 3º, inc. I) e *promover* o bem de todos, sem preconceitos de origem, raça, sexo, cor, idade e quaisquer outras formas de discriminação (art. 3º, inc. IV).

Em sede de organização político-administrativa, interdita-se que a União, os Estados, o Distrito Federal e os Municípios *subvencionem* cultos religiosos ou igrejas (art. 19, inc. I).

Mais adiante, a propósito das regiões, preceitua a Carta Magna que os *incentivos* regionais compreenderão, além de outros, *juros favorecidos para financiamento de atividades prioritárias (*art. 43, § 2º, inc. II).

No capítulo dedicado ao Poder Legislativo, impõe-se que a fiscalização contábil, financeira, orçamentária, operacional e patrimonial da União e das entidades da administração direta e indireta, quanto à legalidade, legitimidade, economicidade, *aplicação das subvenções* e renúncia de receitas, será exercida pelo Congresso Nacional, mediante controle externo, e pelo sistema de controle interno de cada Poder.

Em matéria de finanças públicas, atribui-se às leis de diretrizes orçamentárias o estabelecimento da política de aplicação das *agências financeiras oficiais de fomento* (art. 165, § 2º). Em seguida, prevê-se que o projeto de lei orçamentária seja acompanhado de demonstrativo regionalizado do efeito, sobre as receitas e despesas, decorrente de *subsídios* e *benefícios de natureza financeira e creditícia* (art. 165, § 4º).

59

RAFAEL VALIM

No contexto da ordem econômica e financeira, estabelece explicitamente que o Estado, na qualidade de agente normativo e regulador da atividade econômica, exercerá a função de *incentivo* (art. 174, *caput*). No mesmo dispositivo, prescreve que a lei *apoiará* e *estimulará* o cooperativismo e outras formas de associativismo.

Ademais, ordena a Constituição que o Estado brasileiro *favoreça* a organização da atividade garimpeira em cooperativas, levando em conta a proteção do meio ambiente e a promoção econômico-social dos garimpeiros (art. 174, § 3º). De igual modo, impõe-se à União, aos Estados, ao Distrito Federal e aos Municípios a *promoção* e *incentivo* ao turismo como fator de desenvolvimento social e econômico (art. 180). No tocante à política agrícola, confere-se singular atenção aos *instrumentos creditícios* (art. 187, inc. I) e ao *incentivo* à pesquisa e à tecnologia (art. 187, inc. II).

Ainda nos confins da ordem econômica e financeira, estatui-se que os recursos arrecadados por meio da contribuição de intervenção no domínio econômico relativa às atividades de importação ou comercialização de petróleo e seus derivados, gás natural e seus derivados e álcool combustível deverão ser destinados ao pagamento de *subsídios* a preços ou transporte de álcool combustível, gás natural e seus derivados e derivados de petróleo, ao *financiamento* de projetos ambientais relacionados com a indústria do petróleo e do gás e ao *financiamento* de programas de infraestrutura de transportes (art. 177, § 4º, inc. II, "a", "b" e "c").

Na ordem social da Constituição, há copiosa previsão da atividade administrativa de fomento, a começar pelo art. 199, segundo o qual é vedada a destinação de recursos públicos para *auxílios* ou *subvenções* às instituições privadas de assistência à saúde com fins lucrativos.

A educação, para além de sua consagração como direito de todos e dever do Estado e da família, deve ser *promovida* e *incentivada* com a colaboração da sociedade, visando ao pleno desenvolvimento da pessoa, seu preparo para o exercício da cidadania e sua qualificação para o trabalho (art. 205). No campo cultural, ordena-se que o Estado

CAPÍTULO II – O FOMENTO NO DIREITO ADMINISTRATIVO BRASILEIRO

apoie e *incentive* a valorização e a difusão das manifestações culturais (art. 215).

Em relação às práticas desportivas, irroga-se ao Estado o dever de *fomentá-las*, observada a destinação de recursos públicos para a *promoção* prioritária do desporto educacional e, em casos específicos, do desporto de alto rendimento (art. 217, inc. II), e a *proteção* e o *incentivo* às manifestações desportivas de criação nacional (art. 217, inc. IV). No mesmo mandamento constitucional, dispõe-se que o Poder Público *incentivará* o lazer, como forma de promoção social (art. 217, § 3º).

No âmbito da ciência e tecnologia emerge, com igual força, a atividade administrativa de fomento. Com efeito, nos termos do art. 218, *caput*, da Constituição Federal, cumpre ao Estado *promover* e *incentivar* o desenvolvimento científico, a pesquisa e a capacitação tecnológica. Estipula-se, outrossim, que o Estado *apoiará* a formação de recursos humanos nas áreas de ciência, pesquisa e tecnologia, e concederá aos que delas se ocupem meios e condições de trabalho (art. 218, § 3º). Há previsão para que a lei *apoie* e *estimule* as empresas que invistam em pesquisa, criação de tecnologia adequada ao País, formação e aperfeiçoamento de seus recursos humanos e que pratiquem sistemas de remuneração que assegurem ao empregado, desvinculada do salário, participação nos ganhos econômicos resultantes da produtividade de seu trabalho. Faculta-se ainda aos Estados e ao Distrito Federal a vinculação de parcela de sua receita orçamentária a *entidades públicas de fomento* ao ensino e à pesquisa científica e tecnológica (art. 218, § 5º). Preceitua-se, por fim, que o mercado interno integra o patrimônio nacional e será *incentivado* de modo a viabilizar o desenvolvimento cultural e socioeconômico, o bem-estar da população e a autonomia tecnológica do País, nos termos de lei federal (art. 219).

Para arrematar o extenso rol de previsões da atividade de fomento na Constituição Federal, assinale-se a especial proteção conferida à criança, ao adolescente e ao jovem, o que abrange, a teor do que dispõe o art. 227, § 3º, inc. VI, o *estímulo* do Poder Público, através de assistência jurídica, incentivos fiscais e *subsídios*, nos termos da lei, ao acolhimento, sob a forma de guarda, de criança ou adolescente órfão ou abandonado.

RAFAEL VALIM

2.1 PLANEJAMENTO E ATIVIDADE DE FOMENTO

Todas as atividades administrativas, indistintamente, devem ser exercidas de modo *planejado*. Providências administrativas *ad hoc*, excepcionais, marcadas pelo açodamento e provisoriedade, são incompatíveis com o Estado Democrático de Direito consagrado na Constituição Federal. Na formulação precisa do Professor Gilberto Bercovici, "o planejamento coordena, racionaliza e dá uma unidade de fins à atuação do Estado, diferenciando-se de uma intervenção conjuntural ou casuística"[133].

Na esfera econômica, costuma-se identificar três espécies de planos, em função de sua força vinculante: *planos indicativos*, consistentes em dados, projeções e prognósticos divulgados pelo Estado a fim de orientar a ação dos particulares; *planos incitativos*, em que objetivos públicos são traçados e os particulares são estimulados a atingi-los mediante vantagens oferecidas pelo Estado; *planos imperativos*, aos quais os particulares são obrigados a aderir, sob pena de sofrerem sanções[134].

A teor do que dispõe o art. 174 da Constituição Federal[135], a que acabamos de aludir, reconhece-se no Brasil o cabimento do *plano indicativo* e do *plano incitativo*. A parificá-los, coloca-se a obrigatoriedade perante o Poder Público e a facultatividade perante o setor privado. No *plano incitativo*, contudo, *que traduz o exercício planejado da atividade de*

---

[133] Planejamento e políticas públicas: por uma nova compreensão do papel do Estado. *In*: BUCCI, Maria Paula Dallari (Coord.). *Políticas públicas: reflexões sobre o conceito jurídico*. São Paulo: Saraiva, 2006, p. 145.

[134] COUTO E SILVA, Almiro do. Problemas jurídicos do planejamento. *Revista de Direito Administrativo*, pp. 3 e 4; IPSEN, Hans Peter. Cuestiones sobre un derecho de la planificación económica. *In*: KAISER, Joseph H (Coord.). *Planificación – I: estúdios jurídicos y económicos*. Madri: Instituto de Estudios Administrativos, 1974, p. 59; GORDILLO, Agustín A. *Planificación, participación y libertad en el processo de cambio*. Buenos Aires: Ediciones Macchi, 1973, p. 75-82.

[135] Ordena a Constituição Federal: "Art. 174. Como agente normativo e regulador da atividade econômica, o Estado exercerá, na forma da lei, as funções de fiscalização, incentivo e *planejamento, sendo este determinante para o setor público e indicativo para o setor privado*" (grifo nosso).

CAPÍTULO II – O FOMENTO NO DIREITO ADMINISTRATIVO BRASILEIRO

fomento e que alguns denominam de "indicação ativa"[136], assinala-se a direção, à semelhança no plano indicativo, e, além disso, proporcionam-se *incentivos* para que os agentes econômicos a persigam[137].

Conforme veremos, o indispensável planejamento da atividade de fomento suscita interessantes discussões, sobretudo em face do princípio da segurança jurídica.

3 MODALIDADES DE FOMENTO

As medidas de fomento, mercê de sua profunda variedade tipológica, são insuscetíveis de uma catalogação exaustiva. Eis por que, neste momento, limitar-nos-emos à indicação das principais manifestações da atividade de fomento.

Embora existam diversas tentativas doutrinárias de ordenação dos meios de fomento, a já citada classificação de Jordana de Pozas, à luz da qual se dividem os meios de fomento em *honoríficos, jurídicos* e *econômicos,* continua sendo, sem dúvida, a mais influente[138].

Parece-nos, contudo, que os denominados meios "honoríficos" e "jurídicos" não podem ser qualificados como espécies de fomento público.

No que respeita aos meios honoríficos, compreensivos das condecorações e distinções honoríficas que se outorgam em vista de um ato ou de uma conduta exemplar[139], não há, como bem observa o Professor Juan Alfonso Santamaría Pastor, "uma relação direta de causa e efeito

---

[136] GRAU, Eros Roberto. *Planejamento econômico e regra jurídica.* São Paulo: RT, 1978, p. 120 e 121.

[137] BOBBIO, Norberto. *Da estrutura à função: novos estudos de teoria do direito.* São Paulo: Manole, 2007, p. 20; ADRI, Renata Porto. *O planejamento da atividade econômica como dever do Estado.* Belo Horizonte: Fórum, 2010, p. 161.

[138] Ver item 3.1 da parte 1.

[139] Enuncia o art. 84, inc. XXI, da Constituição Federal: "Compete privativamente ao Presidente da República: *conferir condecorações e distinções honoríficas*".

entre uma ação pública dirigida a um sujeito e a realização por este de uma conduta ou uma atividade de interesse geral"[140]. Trata-se de meros *atos de reconhecimento público*, e não de satisfação direta ou indireta de interesses públicos[141].

Ainda a respeito dos supostos "meios honoríficos", acresça-se que eles se submetem a um regime jurídico radicalmente distinto daquele incidente sobre a atividade de fomento, maiormente no que concerne aos princípios constitucionais da legalidade e da igualdade. Enquanto na atividade de fomento, conforme veremos[142], sobrelevam as exigências de legalidade e igualdade, resultando no *amesquinhamento* da discricionariedade administrativa, na outorga de condecorações e distinções honoríficas há uma conatural debilitação daqueles princípios, redundando no *alargamento* da discricionariedade administrativa.

Quanto aos chamados "meio jurídicos", entendidos como instrumentos jurídicos destinados à criação de uma situação favorável ao desempenho de uma atividade (por exemplo: imposição de consumo de produtos fabricados por determinada pessoa ou empresa; dispensa ou suspensão de proibições estabelecidas em leis; instauração de monopólios ou restrição da competência tendentes a assegurar parcelas do mercado), há evidente incompatibilidade com os traços fundamentais da atividade de fomento e, sobretudo, com o conceito jurídico-positivo de fomento formulado acima. Na preciosa lição do Professor Garrido Falla, os exemplos geralmente associados aos "meios jurídicos de fomento" são marcados pela *coercitividade*, em absoluto contraste, pois, com a *voluntariedade* que caracteriza a atividade de fomento[143].

---

[140] *Princípios de Derecho Administrativo general*, t. II, 2ª ed. Madri: Iustel, 2009, p. 358.

[141] Interessante observar que a Constituição de Weimar rechaçava os "meios honoríficos". Assim dispunha: "Art. 109. O Estado não outorgará conderações nem distinções honoríficas".

[142] Ver itens 5.1 e 5.2 da parte 4.

[143] GARRIDO FALLA, Fernando. *Tratado de Derecho Administrativo*, v. 2, 10ª ed. Madri: Tecnos, 1992, p. 315. Em igual sentido: OLIVEIRA, José Roberto Pimenta. *Os princípios da razoabilidade e da proporcionalidade no Direito Administrativo brasileiro*. São Paulo: Malheiros, 2006, p. 523; ESCOLA, Héctor Jorge. *Compendio de Derecho Administrativo*, vol. II. Buenos Aires: Depalma, 1990, p. 865.

CAPÍTULO II – O FOMENTO NO DIREITO ADMINISTRATIVO BRASILEIRO

Há ainda quem cogite de *meios psicológicos* de fomento[144], entre os quais é incluída a publicidade governamental prevista no art. 37, § 1º, da Constituição Federal[145]. É fácil verificar, entretanto, que a publicidade promovida pela Administração para fins educativos, informativos e de orientação social nada tem a ver, em termos jurídicos, com a atividade de fomento[146]. *Do fato de que ambas possam ser parificadas no plano sociológico, visto que logram estimular a condutas das pessoas, não se segue que possam sê-lo no plano jurídico.* Em suma, nenhum dos traços da atividade de fomento está presente nos apregoados "meios psicológicos".

Resta claro, portanto, que, em nosso juízo, o fomento se limita aos denominados "meios econômicos", dos quais deriva, invariavelmente, uma vantagem patrimonial em favor do sujeito beneficiário da atividade administrativa.

Parece-nos que a classificação mais útil dos meios econômicos de fomento radica na posição jurídica do particular. Têm-se, assim, os meios de fomento que não envolvem contraprestação do particular, a que denominaremos "meios gratuitos"[147], e aqueles que implicam uma contraprestação do beneficiário, porém em condições mais favoráveis que as de mercado, a que aporemos o rótulo de "meios onerosos"[148].

São meios gratuitos de fomento: a subvenção, o subsídio, o prêmio e a alienação ou utilização privativa de bens públicos a título gratuito.

---

[144] MELLO, Célia Cunha. *O fomento da administração pública.* Belo Horizonte: Del Rey, 2003, p. 90-92.

[145] Preceitua o § 1º do art. 37 da Constituição Federal: "A publicidade dos atos, programas, obras, serviços e campanhas dos órgãos públicos deverá ter caráter educativo, informativo ou de orientação social, dela não podendo constar nomes, símbolos ou imagens que caracterizem promoção pessoal de autoridades ou servidores públicos".

[146] OLIVEIRA, José Roberto Pimenta. *Os princípios da razoabilidade e da proporcionalidade no Direito Administrativo brasileiro.* São Paulo: Malheiros, 2006, p. 524; BAENA DE ALCÁZAR, Mariano. Sobre el concepto de fomento, *Revista de Administración Pública,* p. 70 e 71.

[147] Com o termo "gratuito" pretendemos designar o fato de que a Administração reduz o seu patrimônio sem que lhe corresponda uma contraprestação do particular.

[148] Já o termo "oneroso" quer significar que a Administração Pública transfere um bem ou um direito ao particular mediante determinada *compensação.*

Mais adiante, teremos a oportunidade de evidenciar as peculiaridades de cada uma destas figuras, convindo, a esta altura, apenas salientar o traço que as aglutina, qual seja, a ausência de contraprestação do particular em favor da Administração Pública.

Por outro lado, constituem meios onerosos de fomento: financiamentos ou participações minoritárias em sociedades privadas sob condições facilitadas[149] e a alienação ou o uso privativo de bens públicos a preços mais favoráveis que os de mercado[150].

Nos meios onerosos de fomento, diferentemente dos meios gratuitos, há um *preço*, ainda que reduzido, a que o particular se obriga a pagar à Administração Pública. É dizer: o particular remunera o Poder Público pelos bens públicos que lhe são entregues.

Cumpre observar que nem toda alienação ou transferência de uso privativo de bens públicos em prol de particulares pode ser configurada como instrumento de fomento[151]. Somente aquelas que ostentarem os traços da atividade de fomento[152] – ou seja, se forem operadas sem contraprestação ou com contraprestação em condições facilitadas, em

---

[149] Admitem a participação minoritária do Estado em sociedades privadas como instrumento de fomento: MENEZES DE ALMEIDA, Fernando Dias. *Contrato administrativo*. São Paulo: Quartier Latin, 2012, p. 260; JUSTEN FILHO, Marçal. Contornos da atividade de fomento no Direito Administrativo brasileiro: novas tendências. *In:* BANDEIRA DE MELLO, Celso Antônio; FERRAZ, Sérgio; FERREIRA DA ROCHA, Silvio Luís; SAAD, Amauri Feres (Coord.). *Direito Administrativo e liberdade: estudos em homenagem a Lúcia Valle Figueiredo*. São Paulo: Malheiros, 2014. Tome-se como exemplo o art. 19, § 2º, da Lei Federal n. 10.973/2004: "A concessão de recursos financeiros, sob a forma de subvenção econômica, financiamento ou *participação societária*, visando ao desenvolvimento de produtos ou processos inovadores, será precedida de aprovação de projeto pelo órgão ou entidade concedente" (grifo nosso).

[150] STOBER, Rolf. *Direito Administrativo Econômico Geral*. São Paulo: Saraiva, 2012, p. 442 e 443.

[151] MENEZES DE ALMEIDA, Fernando Dias. *Contrato administrativo*. São Paulo: Quartier Latin, 2012, p. 260; MENDONÇA, José Vicente de. *Direito Constitucional Econômico: a intervenção do Estado na economia à luz da razão pública e do pragmatismo*. Belo Horizonte: Fórum, 2014, p. 385.

[152] CUESTA, Rodrigo. *La subvención*. Buenos Aires: Abeledo-Perrot, 2012, p. 39.

CAPÍTULO II – O FOMENTO NO DIREITO ADMINISTRATIVO BRASILEIRO

ordem à satisfação direta ou indireta de interesses públicos – poderão ser assim consideradas[153].

Em verdade, é o enquadramento da alienação ou da transferência do uso privativo de bens públicos como atividade de fomento que autoriza a Administração Pública a abdicar, total ou parcialmente, de receitas públicas. Se inexistir o título jurídico do fomento, interditada estará a concessão de vantagens em favor de particulares, prevalecendo o dever de a Administração Pública gerir eficientemente o seu patrimônio, o que, *in casu*, se traduziria na obtenção de receitas de acordo com os parâmetros de mercado[154]. Aliás, o agente público que desatender esta orientação fatalmente incorrerá em ato de improbidade administrativa, nos termos do art. 10, incisos I, II, III e IV, da Lei n. 8.429/92[155].

---

[153] A propósito, merece referência o Decreto-Lei n. 9.760/46: "Art. 64. Os bens imóveis da União não utilizados em serviço público poderão, qualquer que seja a sua natureza, ser alugados, aforados ou cedidos.(...) § 3º *A cessão se fará quando interessar à União concretizar, com a permissão da utilização gratuita de imóvel seu, auxílio ou colaboração que entenda prestar.*

[154] Anota o Professor Floriano Azevedo Marques Neto: "Por isso, nosso entendimento de que a existência de bens públicos dominicais não empregados na geração de receitas para o poder público (para além de representar desatenção ao dever de observância da função social) importa em violação ao princípio constitucional da eficiência. Como também ocorrerá com a descuidada administração destes bens que acarrete a sua depreciação ou facilite o uso não retribuído dos mesmos por alguns indivíduos" (*Bens públicos: função social e exploração econômica: o regime jurídico das utilidades públicas*. Belo Horizonte: Fórum, 2009, p. 282).

[155] Determina a Lei de Improbidade Administrativa: "Art. 10. Constitui ato de improbidade administrativa que causa lesão ao erário qualquer ação ou omissão, dolosa ou culposa, que enseje perda patrimonial, desvio, apropriação, malbaratamento ou dilapidação dos bens ou haveres das entidades referidas no art. 1º desta lei, e notadamente:

I – facilitar ou concorrer por qualquer forma para a incorporação ao patrimônio particular, de pessoa física ou jurídica, de bens, rendas, verbas ou valores integrantes do acervo patrimonial das entidades mencionadas no art. 1º desta lei;

II – permitir ou concorrer para que pessoa física ou jurídica privada utilize bens, rendas, verbas ou valores integrantes do acervo patrimonial das entidades mencionadas no art. 1º desta lei, sem a observância das formalidades legais ou regulamentares aplicáveis à espécie;

III – doar à pessoa física ou jurídica bem como ao ente despersonalizado, ainda que de fins educativos ou assistências, bens, rendas, verbas ou valores do patrimônio de qualquer

4 APROXIMAÇÃO AO SIGNIFICADO DA SUBVENÇÃO

Em estudo clássico, afirma Norberto Bobbio que no Estado contemporâneo se solapa a ideia de que o Direito se limita a técnicas de *desencorajamento* de condutas e, em acréscimo ou em subsituição a estas, difunde-se o uso de técnicas de *encorajamento* de comportamentos[156]. Revelar-se-ia, com isso, a *função promocional do Direito*[157].

É fácil concluir que a subvenção encarna, emblematicamente, uma técnica de encorajamento de condutas, nos termos propostos pelo mestre italiano[158]. Os recursos públicos transferidos a título de subvenção se destinam ao *estímulo* de condutas prezáveis pela ordem jurídica e, não, obviamente, ao *desestímulo* de condutas indesejáveis.

Convém notar que nem todas as medidas de fomento configuram técnicas de encorajamento de condutas, o que nos impede de afirmar que a atividade de fomento, em sua inteireza, constitua expressão da função promocional do Direito. Em rigor, apenas as transferências de

---

das entidades mencionadas no art. 1º desta lei, sem observância das formalidades legais e regulamentares aplicáveis à espécie;

IV – permitir ou facilitar a alienação, permuta ou locação de bem integrante do patrimônio de qualquer das entidades referidas no art. 1º desta lei, ou ainda a prestação de serviço por parte delas, por preço inferior ao de mercado".

[156] REALE, Miguel. *Nova fase do direito moderno*, 2ª ed. São Paulo: Saraiva, 1998, p. 159. Deve-se à intuição precursora de Jeremy Bentham a afirmação da *natureza binada* da sanção, cuja espécies são a *sanção premial* e a *sanção penal* (*Théorie des peines et des récompenses*, t. II, 2ª ed. Paris: Bossange et Masson, 1818). Hans Kelsen compartilha este entendimento: "O princípio que conduz a reagir a uma determinada conduta com um prêmio ou uma pena é o princípio retributivo (*Vergeltung*). O prêmio e o castigo podem compreender-se no conceito de sanção. No entanto, usualmente, designa-se por sanção somente a pena, isto é, um mal – a privação de certos bens como a vida, a saúde, a liberdade, a honra, valores econômicos, – a aplicar como consequência de uma determinada conduta, mas já não o prêmio ou a recompensa" (*Teoria pura do direito*, 8ª ed. São Paulo: Martins Fontes, 2009, p. 26).

[157] BOBBIO, Norberto. *Da estrutura à função: novos estudos de teoria do direito*. São Paulo: Manole, 2007, p. 13.

[158] BOBBIO, Norberto. *Da estrutura à função: novos estudos de teoria do direito*. São Paulo: Manole, 2007, p. 13.

CAPÍTULO II – O FOMENTO NO DIREITO ADMINISTRATIVO BRASILEIRO

bens e direitos preordenadas à satisfação *indireta* de interesses públicos[159], entre as quais se insere a subvenção, prestam-se a persuadir os administrados a adotar certos comportamentos[160].

Acresça-se que na subvenção, enquanto técnica de encorajamento de condutas, tem gravado o signo da *mudança*[161]. Ao contrário das sanções negativas, destinadas à *conservação social*, as subvenções são manejadas com o objetivo de *transformar* a realidade social e econômica.

Dediquemo-nos agora a um ligeiro exercício de Direito Comparado, destinado a iluminar o estudo dogmático que mais adiante empreenderemos sobre a relação jurídica subvencional[162].

---

[159] Ver item 1.1 da parte 2.

[160] "Non tutte le sovvenzioni possono considerarsi delle forme di incentivo, in quanto esse vengono utilizzate oltre che per incentivare lo svolgimento di determinate attività economiche, anche per fare fronte ai compiti assistenziali e di sicurezza sociale propri dello Stato moderno" (LUBRANO, Benedetta. *Le sovvenzioni nel diritto amministrativo (Profili teorici ed evoluzione storica nel contesto del diritto europeo)*. Tese (doutorado). Universidade de Bologna, 2007, p. 143 e 135).

[161] BOBBIO, Norberto. *Da estrutura à função: novos estudos de teoria do direito*. São Paulo: Manole, 2007, p. 19.

[162] Em obra anterior, assim nos manifestamos a respeito do método comparativo: "Nunca é demais precatar-se para os riscos do método comparativo, por meio do qual não se deve buscar a importação irrefletida de instituições jurídicas alienígenas, senão que, nas palavras de Biscaretti di Ruffia: 'La investigación comparativa, en efecto, conduce con frecuencia a una *mejor interpretación y valoración de las instituciones jurídicas del ordenamiento nacional*, si se tiene en cuenta que el cotejo sistemático con los ordenamientos extranjeros, especialmente si provienen de la misma cepa genealógica, podrá facilitar, en no pocas ocasiones, la identificación de principios que hasta entonces habían permanecido latentes y casi ocultos a los comentadores analíticos del derecho positive del propio Estado'" (VALIM, Rafael. *O princípio da segurança jurídica no Direito Administrativo brasileiro*. São Paulo: Malheiros, 2010, p. 53).

Capítulo III

VISÃO JUSCOMPARATIVA DA SUBVENÇÃO

Antes de analisarmos a subvenção em perspectiva juscomparativa, cumpre consignar que, não obstante saibamos que o debate sobre a atividade de fomento no continente europeu é atualmente dominado pela legislação comunitária, especialmente pela noção de "ajuda do estado" prevista no art. 87, § 1º, do Tratado da Comunidade Europeia[163], concentraremos nossas atenções nas disposições legislativas internas dos Estados Nacionais, porquanto destas, e não daquela, conseguimos extrair *termos de comparação* com a nossa realidade jurídica.

1 DIREITO ESPANHOL

É induvidosamente no Direito espanhol que a atividade de fomento e, em especial, a subvenção, receberam maior atenção dos

---

[163] Prescreve o art. 78, § 1º, do Tratado da Comunidade Europeia: "1. Salvo disposição em contrário do presente Tratado, são incompatíveis com o mercado comum, na medida em que afectem as trocas comerciais entre os Estados-Membros, os auxílios concedidos pelos Estados ou provenientes de recursos estatais, independentemente da forma que assumam, que falseiem ou ameacem falsear a concorrência, favorecendo certas empresas ou certas produções" (CHÉROT, Jean-Yves. *Droit public économique*, 2ª ed. Paris: Economica, 2007, p. 178-207).

estudiosos e, por consequência, floresceram com maior vigor. Mariano Baena del Alcázar chega a afirmar que o fomento administrativo seria uma das escassas originalidades do Direito Administrativo espanhol[164].

No magistério de Antonio Bueno Armijo, é possível dividir a doutrina espanhola acerca da atividade de fomento em *quatro fases*[165].

Na *primeira* e mais ampla delas, que remonta ao período de 1950 a 1980, vieram à luz os primeiros trabalhos sobre o conceito de fomento e de subvenção. É exatamente o célebre artigo de Jordana de Pozas – "Ensayo de una teoria del fomento en el Derecho Administrativo"[166] – que inaugura esta fase, seguido do seminal estudo do Professor José Luís Villar Palasí – "Las técnicas administrativas de fomento y apoyo al precio político"[167] – dedicado ao desenvolvimento histórico do fomento e à catalogação dos meios através dos quais se expressa esta atividade administrativa.

Ainda na *primeira fase* se destaca a obra de Fernando Albi – "Tratado de los modos de gestión de las corporaciones locales"[168] – e o primeiro trabalho monográfico sobre a subvenção no Direito Espanhol, da lavra de Julio Nieves Borrego, intitulado "Estudio sistemático y consideración jurídico-administrativa de la subvención"[169], cuja interpretação da relação subvencional como "doação modal" foi muito difundida, tendo inclusive influenciado o Tribunal Supremo da Espanha.

Ao longo da década de 1980 emerge a *segunda fase* da evolução do tema, marcada pela publicação de duas obras importantíssimas, quais

---

[164] Sobre el concepto de fomento, *Revista de Administración Pública*, p. 50.

[165] *El concepto de subvención en el Derecho Administrativo español*. Bogotá: Universidad Externado, 2013, p. 16.

[166] Ensayo de una teoria del fomento en el Derecho Administrativo, *Revista de Estudios Políticos*, 48:41-54.

[167] Las técnicas administrativas del fomento y de apoyo al precio político, *Revista de Administración Pública*, 14: 11-122.

[168] ALBI, Fernando. *Tratado de los modos de gestión de las corporaciones locales*. Madri: Aguilar, 1960.

[169] NIEVES BORREGO, Julio. Estudio sistemático y consideración jurídico-administrativa de la subvención. *Revista de Administración Pública*, 42:17-120.

CAPÍTULO III – VISÃO JUSCOMPARATIVA DA SUBVENÇÃO

sejam: "La subvención: concepto y régimen jurídico"[170], de Germán Fernández Farreres, e "Subvenciones y crédito oficial en España"[171], de José Manuel Díaz Lema. Enquanto o primeiro postula um conceito restrito de subvenção, estremando-a de figuras afins como a isenção tributária e os créditos públicos[172], o segundo adota um conceito amplo, denotativo de qualquer benefício econômico, monetário ou jurídico que renda efeitos de promoção e direção da economia privada, excluídas as subvenções culturais e sociais[173]. É, porém, a definição do Professor Germán Fernández Farreres que suscitou maior interesse da doutrina, cujos termos sejam-nos permitido reproduzir: "(...) atribución patrimonial dineraria o en especie a fondo perdido afectada a la realización de la finalidad específica de interés general para la cual se concede"[174].

Também pertence à *segunda fase* a já mencionada contribuição de José Luis Martínez López-Muñiz[175], quem, em uma tentativa de depuração terminológica e conceitual da atividade de fomento, redefine-a como uma "atividade administrativa dispensadora de ajudas e recompensas", consistente "(...) en el otorgamiento directo o indirecto de bienes y derechos a determinados administrados – privados o públicos –, con carácter no devolutivo y por razón de ciertas actividades que les son propias, ya realizadas o aún por desarrollar, quedando en este último caso afectados a su realización"[176].

---

[170] *La subvención: concepto y régimen jurídico*. Madri: Instituto de Estudios Fiscales, 1983.

[171] *Subvenciones* y crédito oficial en España. Madri: Instituto de Estudios Fiscales, 1985.

[172] *La subvención: concepto y régimen jurídico*. Madri: Instituto de Estudios Fiscales, 1983.

[173] *Subvenciones* y crédito oficial en España. Madri: Instituto de Estudios Fiscales, 1985, p. 22-25.

[174] *La subvención: concepto y régimen jurídico*. Madri: Instituto de Estudios Fiscales, 1983, p. 234.

[175] MARTÍNEZ LÓPEZ-MUÑIZ, José Luis. La actividad administrativa dispensadora de ayudas y recompensas: una alternativa conceptual al fomento en la teoria de los modos de acción de la Administración pública. *In:* MORANT, Rafael Gómez-Ferrer (Coord.). *Libro homenaje al profesor José Luis Villar Palasi*. Madri: Civitas, 1989, p. 757 e 758.

[176] MARTÍNEZ LÓPEZ-MUÑIZ, José Luis. La actividad administrativa dispensadora de ayudas y recompensas: una alternativa conceptual al fomento en la teoria de los

A *terceira fase* compreende os anos de 1990 a 2003, período em que se dão as principais inovações legislativas em matérias de subvenções públicas. Em 1990, confere-se uma nova redação aos artigos 80 e 81 do texto refundido da Lei Geral Orçamentária, estabelecendo-se, de forma inédita, uma disciplina geral e estável às subvenções públicas. Logo sobrevém o Real Decreto n. 2.225/2003 e instaura um procedimento para concessão de subvenções públicas. Finalmente, em 2003, aprova-se a *Lei Geral de Subvenções* (Lei n. 38/2003) e com ela se descortina a última fase da evolução do tema no Direito espanhol.

Com efeito, a *quarta fase* é caracterizada pelo surgimento de diversos estudos sobre a Lei Geral de Subvenções, de modo a desvendar os seus mais variados aspectos[177]. Convém registrar alguns pontos fulcrais desta importante lei, a começar pelo seu conceito *restrito* de subvenção:

> Artigo 2º. Se entiende por subvención, a los efectos de esta ley, toda disposición dineraria realizada por cualesquiera de los sujetos contemplados en el artículo 3 de esta ley, a favor de personas públicas o privadas, y que cumpla los siguientes requisitos: a) que la entrega se realice sin contraprestación directa de los beneficiários; b) que la entrega esté sujeta al cumplimiento de un determinado objetivo, la ejecución de un proyecto, la realización de una actividad, la adopción de un comportamiento singular, ya realizados o por desarrollar, o la concurrencia de una situación, debiendo el beneficiario cumplir las obligaciones materiales y formales que se hubieran establecido; c) que el proyecto, la acción, conducta o situación financiada tenga por objeto el fomento de una actividad de utilidad pública o interés social o de promoción de una finalidad pública.

Não se pode deixar também de registrar que a Lei Geral de Subvenções exclui de seu campo de incidência as transferências entre sujeitos

---

modos de acción de la Administración pública. *In:* MORANT, Rafael Gómez-Ferrer (Coord.). *Libro homenaje al profesor José Luis Villar Palasi*. Madri: Civitas, 1989, p. 758.

[177] FARRERES, Germán Fernández (Coord.). *Comentario a la Ley general de subvenciones.* Madri: Civitas, 2005; SANAGUSTÍN, Mario Garcés; OLMEDA, Alberto Palomar (Coord.). *Derecho de las subvenciones y ayudas públicas*. Madri: Arazandi, 2011.

CAPÍTULO III – VISÃO JUSCOMPARATIVA DA SUBVENÇÃO

de Direito Público[178] e evidencia o caráter não lucrativo das subvenções, ao estabelecer que os importes transferidos a este título jamais poderão superar o custo da atividade subvencionada.[179]

2 DIREITO FRANCÊS

Embora no Direito francês não se verifique a fecunda discussão travada no Direito espanhol acerca da atividade de fomento, houve um notável desenvolvimento do instituto da subvenção, resultante, sobretudo, das atividades consultiva e contenciosa do Conselho de Estado.

Em um dos principais estudos franceses relativos à matéria, Robert Hertzog destaca dois elementos caraterísticos das subvenções: a ideia de aporte financeiro outorgado de maneira unilateral e sem contrapartida, e a ideia de uma ajuda afetada a um interesse público[180].

Em recentíssimo acréscimo à Lei n. 321/2000[181], que disciplina os direitos dos cidadãos em suas relações com a Administração Pública, introduziu-se na ordem jurídica francesa uma definição de subvenção:

> Artigo. 9-1: Constituent des subventions, au sens de la présente loi, les contributions facultatives de toute nature, valorisées dans

---

[178] Dispõe o art. 2º da Lei Geral de Subvenções Públicas: "2. No están comprendidas en el ámbito de aplicación de esta ley las aportaciones dinerarias entre diferentes Administraciones públicas, para financiar globalmente la actividad de la Administración a la que vayan destinadas, y las que se realicen entre los distintos agentes de una Administración cuyos presupuestos se integren en los Presupuestos Generales de la Administración a la que pertenezcan, tanto si se destinan a financiar globalmente su actividad como a la realización de actuaciones concretas a desarrollar en el marco de las funciones que tenga atribuidas, siempre que no resulten de una convocatoria pública".

[179] Estatui o art. 19 da Lei Geral de Subvenções Públicas: "3. El importe de las subvenciones en ningún caso podrá ser de tal cuantía que, aisladamente o en concurrencia con otras subvenciones, ayudas, ingresos o recursos, supere el coste de la actividad subvencionada".

[180] HERTZOG, Robert. Linéament d'une théorie des subventions, *Revue française des finances publiques*, p. 6.

[181] A modificação legislativa foi operada pela Lei n. 856/2014, de 31 de julho de 2014.

l'acte d'attribution, décidées par les autorités administratives et les organismes chargés de la gestion d'un service public industriel et commercial, justifiées par un intérêt général et destinées à la réalisation d'une action ou d'un projet d'investissement, à la contribution au développement d'activités ou au financement global de l'activité de l'organisme de droit privé bénéficiaire. Ces actions, projets ou activités sont initiés, définis et mis en œuvre par les organismes de droit privé bénéficiaires. Ces contributions ne peuvent constituer la rémunération de prestations individualisées répondant aux besoins des autorités ou organismes qui les accordent".

No mesmo diploma legal se revela uma preocupação com a contratualização e a prestação de contas das subvenções. Eis o que dispõe o artigo 10 da citada Lei:

L'autorité administrative ou l'organisme chargé de la gestion d'un service public industriel et commercial mentionné au premier alinéa de l'article 9-1 qui attribue une subvention doit, lorsque cette subvention dépasse un seuil défini par décret, conclure une convention avec l'organisme de droit privé qui en bénéficie, définissant l'objet, le montant, les modalités de versement et les conditions d'utilisation de la subvention attribuée.

(...)

Lorsque la subvention est affectée à une dépense déterminée, l'organisme de droit privé bénéficiaire doit produire un compte rendu financier qui atteste de la conformité des dépenses effectuées à l'objet de la subvention. Le compte rendu financier est déposé auprès de l'autorité administrative ou de l'organisme chargé de la gestion d'un service public industriel et commercial mentionné au premier alinéa de l'article 9-1 qui a versé la subvention dans les six mois suivant la fin de l'exercice pour lequel elle a été attribuée.

Aliás, a interessante reflexão que o Direito francês empreende a respeito do "contrato de subvenção" merece a nossa atenção. Durante um largo período, as subvenções, mercê do caráter eminentemente

CAPÍTULO III – VISÃO JUSCOMPARATIVA DA SUBVENÇÃO

discricionário que lhe foi atribuído, foram outorgadas unilateralmente, sem a prévia celebração de contratos. A necessidade, porém, de assegurar estabilidade e previsibilidade jurídicas aos seus beneficiários conduziu o legislador francês a determinar à Administração Pública, nos termos do referido art. 10 da Lei n. 321/2000, a celebração de um contrato prevendo o objeto, o montante, as modalidades de desembolso e as condições de utilização da subvenção outorgada[182].

Diretamente ligada ao fenômeno da contratualização das subvenções no Direito francês se coloca a problemática distinção entre os contratos de subvenção e os contratos de "marché public"[183] e de concessão de serviço público[184]. Segundo Quentin Epron, é o critério da "relação direta" entre Administração Pública e o particular, engendrado pelo Conselho de Estado, que permite *distinguir a subvenção do preço*. Enquanto aquela corresponderia a uma lógica de "doação" e não ensejaria uma contrapartida ao Estado, o contrato de "marché public" e de concessão de serviço público são presididos por uma lógica de "troca", em que o particular oferece uma contrapartida direta ao Estado em face do pagamento de um preço[185].

---

[182] EPRON, Quentin. Les contrats de subvention. *Revue du droit public et de la science politique en France et à l'*Étranger, p. 64.

[183] No Direito Francês, a expressão "marché public" compreende as contratações administrativas destinadas ao fornecimento de bens ou execução de obras ou serviços.

[184] COLSON, Jean-Philippe; IDOUX, Pascale. *Droit Public Économique*, 6ª ed. Paris: LGDJ, 2012, p. 392. RICHER, Laurent. *Droit des contrats administratifs*, 7ª ed. Paris: LGDJ, 2010, pp. 398 e 399; COLSON, Jean-Philippe; IDOUX, Pascale. *Droit Public Économique*, 6ª ed. Paris: LGDJ, 2012, p. 385; EPRON, Quentin. Les contrats de subvention. *Revue du droit public et de la science politique en France et à l'*Étranger, p. 64.

[185] EPRON, Quentin. Les contrats de subvention. *Revue du droit public et de la science politique en France et à l'*Étranger, p. 67. A este respeito, vale mencionar o seguinte excerto de um parecer do Conselho de Estado Francês: "Il résulte de ces termes mêmes que ne peut être qualifié de marché public qu'un contrat conclu à titre onéreux par une personne publique en vue d'acquérir des biens, travaux ou services dont elle a besoin, qui stipule une rémunération ou un prix ayant un lien direct avec la fourniture d'une prestation individualisée à la collectivité contractante ou avec l'entrée de biens dans son patrimoine" (Parecer n. 370.169 – 18 de maio de 2004).

RAFAEL VALIM

Para encerrar este breve panorama do Direito francês, cumpre reiterar o "princípio de interdição de liberalidades", gestado no aresto do Conselho de Estado de 17 de março de 1893, intitulado "Compagnie du Nord, de l'Est et autres", à luz do qual Gaston Jèze afirmou, em tom categórico, que "la subvention n'est pas une libéralité, soumise au régime des libéralités. Celui qui reçoit la subvention ne s'enrichit pas; il n'obtient le concours pécuniaire que parce qu'il s'engage à faire certaines prestations d'intérêt general".[186]

3 DIREITO ITALIANO

É no Direito italiano que encontramos a investigação mais rigorosa e profunda sobre o tema das subvenções. Trata-se do valioso trabalho de Giuseppe Pericu, intitulado "Le sovvenzioni come strumento di azione amministrativa"[187], ao qual se deve, entre outras coisas, a consolidação do entendimento, prevalente na doutrina italiana, de que a subvenção corresponde a uma "(...) categoria di atti amministrativi di natura provvedimentale, il cui effetto giuridico prevalente consiste nell'attribuzione di una somma di danaro o di altro bene economicamente valutabile senza che ciò comporti a carico del beneficiario un obbligo di restituzione o alcuna obbligazione di pagamento nei confronti della pubblica amministrazione"[188].

Deveras, uma das principais contribuições da ciência jurídica italiana é o esforço de reconstrução da *subvenção como figura autônoma de ato administrativo*, diferenciando-a de outros atos administrativos típicos, tais como a concessão, a admissão e a autorização[189].

---

[186] *Les principes généraux du droit administratif*, t. 2, 3ª ed., Paris, 2004, p. 49.

[187] PERICU, Giuseppe. *Le sovvenzioni come strumento di azione amministrativa*. Milão: Giuffrè, 1967 e 1971.

[188] PERICU, Giuseppe; CROCI, Enrica. Sovvenzioni (diritto amministrativo), *Enciclopedia del Diritto*. Milão: Giuffrè, 1990, p. 244.

[189] PERICU, Giuseppe. *Le sovvenzioni come strumento di azione amministrativa*, v. I. Milão: Giuffrè, 1967, p. 108; FALZONE, Guido. *Le obbligazioni dello Stato*. Milão: Giuffrè, 1960,

CAPÍTULO III – VISÃO JUSCOMPARATIVA DA SUBVENÇÃO

Vale referir, ademais, a Lei n. 241/1990, que introduz normas de procedimento administrativo e de acesso aos documentos administrativos e em cujo artigo 12 se estabelece o seguinte:

> 1. La concessione di sovvenzioni, contributi, sussidi ed ausili finanziari e l'attribuzione di vantaggi economici di qualunque genere a persone ed enti pubblici e privati sono subordinate alla predeterminazione da parte delle amministrazioni procedenti, nelle forme previste dai rispettivi ordinamenti, dei criteri e delle modalità cui le amministrazioni stesse devono attenersi.
>
> 2. L'effettiva osservanza dei criteri e delle modalità di cui al comma 1 deve risultare dai singoli provvedimenti relativi agli interventi di cui al medesimo comma 1.

Como anota Sergio Lariccia, deste importante dispositivo resulta a imposição de quatro deveres à Administração Pública, quais sejam: (i) predeterminação dos critérios e das modalidades de concessão das vantagens de natureza econômica; (ii) divulgação de tais regras; (iii) observância das regras estabelecidas; (iv) e, por ocasião da motivação dos atos administrativos de concessão das vantagens econômicas, a demonstração do estrito cumprimento das mesmas regras[190].

A propósito da aludida necessidade de predeterminação dos critérios de concessão das subvenções, é de rigor sublinhar ainda um relevantíssimo princípio enunciado pela jurisprudência italiana – *aplicável não só aos atos restritivos de direitos, senão que também aos ampliativos de direitos*: "(...) alla pubblica amministrazione non è consentito incidere con provvedimenti singoli sulle sfere istituzionalmente libere dei cittadini senza la precostituzione di parametri normativi di riferimento"[191].

---

p. 220; SANDULLI, Aldo M. *Manuale di Diritto Amministrativo*, 7ª ed. Napoli: Casa Editrice Dott. Eugenio Jovene, 1962, p. 314.

[190] LARICCIA, Sergio. I provedimmenti atributivi di vantaggi economici. *In:* SANDULLI, Maria Alessandra (Coord.). *Codice dell'azione amministrativa*. Milão: Giuffrè, 2011, p. 574.

[191] LARICCIA, Sergio. I provedimmenti atributivi di vantaggi economici. *In:* SANDULLI, Maria Alessandra (Coord.). *Codice dell'azione amminitrativa*. Milão: Giuffrè, 2011, p. 574.

RAFAEL VALIM

4 DIREITO ALEMÃO

Assim como no Direito italiano, não há no Direito alemão uma definição legislativa de subvenção aplicável a toda ordem jurídica. Verifica-se apenas uma definição no Código Penal, limitado, porém, no ensinamento de Hartmut Maurer[192], ao tipo penal de fraude à subvenção e, por essa razão, inextensível a outros âmbitos normativos[193].

Nesse contexto, diverge a doutrina acerca do alcance do conceito de subvenção. Para alguns, ela compreenderia apenas as "prestações públicas" (por exemplo: subvenções, prêmios, empréstimos sem juros ou com juros bonificados, fianças e garantias), a que se dá o nome de "subvenção de prestação", ao passo que, para outros, abarcaria também os incentivos fiscais (isenções, reduções de alíquota ou da base de cálculo etc.), a que se denomina "subvenções de redução"[194]. Vê-se, portanto, que no contexto do Direito alemão se adota, de maneira geral, um conceito amplo de subvenção.

Com efeito, a chamada "subvenção de prestação" não alude a modalidade específica de fomento, senão que a todo o conjunto de meios pelos quais se expressa esta atividade. *Em rigor, ao examinar-se o conceito de subvenção proposto por Hartmut Maurer, conclui-se que ele corresponde ao que entendemos por atividade de fomento.* Seja-nos permitida a reprodução de sua definição de subvenção: "(...) (a) doações de valor patrimonial (b) do Estado ou de uma outra corporação administrativa a pessoas privadas (c) sem contraprestação conforme o mercado (d) para o fomento de uma finalidade situada no interesse público"[195].

---

[192] *Direito Administrativo Geral*, 14ª ed. São Paulo: Manole, 2006, p. 497.

[193] Eis a definição constante do § 264,VII, do Código Penal Alemão:"Subvención, en el sentido de esta disposición, es una prestación de medios públicos, según el derecho federal o de los Estados, o del derecho de las comunidades europeas, a empresas o industrias que por lo menos parcialmente: 1. se otorga sin contraprestación según el mercado y 2. debe servir para el fomento de la economia (Tradução de Claudia López Diaz. Bogotá: Universidade Externado, 1999).

[194] STOBER, Rolf. *Direito Administrativo Econômico Geral*. São Paulo: Saraiva, 2012, p. 440.

[195] *Direito Administrativo Geral*, 14ª ed. São Paulo: Manole, 2006, p. 499.

CAPÍTULO III – VISÃO JUSCOMPARATIVA DA SUBVENÇÃO

Note-se, finalmente, que, nos confins do Direito Alemão, apenas sujeitos de direito privado podem ser beneficiários de subvenções.

5 DIREITO ARGENTINO

O Direito argentino, por sua vez, guarda enorme identidade com o Direito Brasileiro em matéria de subvenções, de que é prova este diagnóstico de Rodrigo Cuesta, inteiramente aplicável à realidade nacional: "El análisis de las subvenciones se realizó habitualmente desde el punto de la práctica hacendal y el derecho financiero, siendo escasos los estudios de la materia efectuados en nuestro medio desde la perspectiva del derecho administrativo"[196].

Acusa-se, outrossim, à semelhança do Direito brasileiro, o frequente emprego das subvenções à margem da legalidade, como decorrência do abandono epistemológico de que foi vítima[197].

Algumas peculiaridades do Direito argentino, entretanto, merecem destaque.

A primeira delas é a tendência à substituição do conceito de fomento pela noção de ajuda pública[198], sob inspiração do pensamento do Professor José Luis Martínez López-Muñiz[199].

A segunda é a *distinção entre subvenção e subsídio*. Naquele há uma atribuição patrimonial vinculada ao cumprimento de uma atividade ou à consecução de um dado resultado, enquanto que neste não há tal vinculação, sendo concedido em vista da situação de vulnerabilidade do beneficiário[200].

---

[196] CUESTA, Rodrigo. *La subvención*. Buenos Aires: Abeledo-Perrot, 2012, p. 1.

[197] CUESTA, Rodrigo. *La subvención*. Buenos Aires: Abeledo-Perrot, 2012, p. 3.

[198] DE LA RIVA, Ignácio M. *Ayudas públicas: incidencia de la intervención estatal en el funcionamento del mercado*. Buenos Aires: Hammurabi, 2004, p. 118 e 119.

[199] Ver item 1.1 da parte 2.

[200] CUESTA, Rodrigo. *La subvención*. Buenos Aires: Abeledo-Perrot, 2012, p. 43, 44 e 50.

RAFAEL VALIM

Uma terceira nota proeminente do Direito Argentino atina ao cabimento das subvenções nas concessões de serviços públicos. A doutrina é dividida: para alguns estudiosos como Manuel María Diez, as transferências pecuniárias em favor de concessionários por conta de uma limitação tarifária determinada pela própria Administração Pública traduziriam subvenções, ao passo que, para outros, entre os quais se colocam Guillermo E. Fanelli Evans e Rodrigo Cuesta, as aludidas transferências pecuniárias constituiriam autênticos pagamentos destinados à manutenção do equilíbrio econômico-financeiro do contrato[201].

6 DIREITO CHILENO

Interessa-nos, por fim, uma ligeira incursão no Direito Administrativo chileno, em cujo seio, a exemplo das demais ordens jurídicas latino-americanas, a subvenção não tem recebido um tratamento doutrinário condizente com a sua importância econômica e social, cabendo sobretudo à jurisprudência da Controladoria-Geral da República o delineamento da natureza, dos princípios e de efeitos jurídicos desta categoria jurídico-administrativa[202].

Dois conceitos de subvenção rivalizam no Direito chileno. De um lado, apresenta-se um *conceito amplíssimo*, dentro do qual são inseridas não só as vantagens financeiras, como também os incentivos tributários[203]. De outra parte, tem-se um *conceito restrito* de subvenção, tal

---

[201] FANELLI EVANS, Guillermo E. Las subvenciones en las concessiones de obras y de servicios públicos. *In:* CASSAGNE, Juan Carlos (Coord.). *Derecho Administrativo: obra colectiva en homenaje al profesor Miguel S. Marienhoff.* Buenos Aires: Abeledo-Perrot, 1998, p. 918; CUESTA, Rodrigo. *La subvención.* Buenos Aires: Abeledo-Perrot, 2012, p. 40.

[202] RIVAS, Juan Carlos Flores. Concepto y naturaleza de la subvención en el Derecho chileno. El caso de la concesión de obra pública, *Revista de Derecho de la Pontificia Universidad Católica de Valparaíso*, XXXVII, p. 341.

[203] A título exemplificativo, vejamos a definição proposta pela Professora Gladys Camacho Cepeda: "(...) todos aquellos incentivos económicos que conceden ayudas materiales, financieras, crediticias o tributarias, con cargo a traspasos gratuitos de fondos públicos que de modo directo determinan la percepción de una cantidad, la dispensa

CAPÍTULO III – VISÃO JUSCOMPARATIVA DA SUBVENÇÃO

como aquele propugnado por Juan William García Machmar, cuja transcrição nos parece oportuna: "(...) toda transferencia patrimonial no devolutiva, realizada por la Administración en favor de un particular, vinculada a la realización por éste de una conducta calificada de interés público"[204].

A par desta contenda conceitual, é imprescindível registrar o importantíssimo artigo 19, n. 22, inciso II, da Constituição chilena, por meio do qual se consagra, a um só tempo, o princípio da legalidade e o "princípio de não discriminação arbitrária" em matéria econômica. Afigura-se-nos útil a reprodução do citado dispositivo constitucional:

> Sólo en virtud de una ley, y siempre que no signifique tal discriminación, se podrán autorizar determinados beneficios directos o indirectos en favor de algún sector, actividad o zona geográfica, o establecer gravámenes especiales que afecten a uno u otras. En el caso de las franquicias o beneficios indirectos, la estimación del costo de éstos deberá incluirse anualmente en la Ley de Presupuestos".

Da leitura do texto constitucional resulta, pois, a proibição de discriminações arbitrárias, bem como a impossibilidade de que a autoridade administrativa, sem fundamento em lei, estabeleça benefícios em prol de setores, atividades ou zonas geográficas[205].

A última característica do Direito chileno digna de nota é a construção doutrinária acerca das subvenções nas concessões de obras e

---

de un pago obligatorio o un beneficio específico de carácter patrimonial con lo cual inciden favorablemente en situación patrimonial, de las personas beneficiarias" (La actividad sustancial de la Administración del Estado. *In:* BAUZÁ, Rolando (Coord.). *Derecho Administrativo Chileno.* Cidade do México: Porrúa, 2007, p. 555).

[204] *La subvención en el Derecho Administrativo.* Santiago: Librotecnia, 2011, p. 115. No mesmo sentido: RIVAS, Juan Carlos Flores. Concepto y naturaleza de la subvención en el Derecho chileno. El caso de la concesión de obra pública, *Revista de Derecho de la Pontifícia Universidad Católica de Valparaíso,* XXXVII, p. 341.

[205] MAGNASCO, Sebastián López. *Garantía constitucional de la no discriminación económica.* Santiago do Chile: Editorial Jurídica de Chile, 2006, p. 87.

serviços públicos. Segundo Juan Carlos Flores Rivas, as transferências pecuniárias em favor da concessionária não configuram subsídios, já que não têm caráter assistencial, tampouco constituem subvenções, na medida em que compõem o preço do contrato de concessão e integram a sua equação econômico-financeira[206].

Após a exposição deste rico cenário internacional, sentimo-nos autorizados a ingressar no cerne de nossa investigação. Passemos, portanto, à apreciação da subvenção no Direito Administrativo brasileiro.

---

[206] Concepto y naturaleza de la subvención en el Derecho chileno. El caso de la concesión de obra pública, *Revista de Derecho de la Pontificia Universidad Católica de Valparaíso*, XXXVII, p. 364.

Capítulo IV

A SUBVENÇÃO NO DIREITO ADMINISTRATIVO BRASILEIRO

1 A RELAÇÃO ENTRE O DIREITO ADMINISTRATIVO E O DIREITO FINANCEIRO

A subvenção, à moda de todo e qualquer dado da realidade, não enseja um único conhecimento, senão que desperta diversas abordagens, segundo a pretensão do sujeito cognoscente. Em outras palavras, pode ser ela recortada em diversos *objetos* de estudo[207].

Com efeito, a relação entre o Direito Administrativo e o Direito Financeiro constitui o ponto de partida indispensável para a delimitação do nosso objeto de estudo.

Assim o dizemos porque a subvenção, enquanto ensejadora de dispêndio de recursos públicos, possui *natureza dúplice*, de Direito Financeiro e de Direito Administrativo. A isto se atentou argutamente o Professor Paul Amselek, cujas palavras são merecedoras de reprodução literal: "En d'autres termes, les actes de création, de reconnaissance et

---

[207] Ensina o mestre Lourival Vilanova: "O objeto é o dado envolvido pela forma conceptual, é aquilo que, na coisa, o pensamento delimita" (Sobre o conceito do Direito. *In: Estudos jurídicos e filosóficos*, vol. I. São Paulo: Axis Mundi/IBET, 2003, p. 9).

de liquidation de *dettes publiques* constituent simultanément, chez nous, des actes d'engagement et de liquidation de *dépenses publiques"*[208].

Portanto, no universo jurídico, a subvenção pertence a dois subdomínios do Direito Público: ao *Direito Financeiro*, no tocante às normas jurídicas de gestão econômico-contábil do Estado, e ao *Direito Administrativo*, no que respeita às regras e princípios que presidem a relação da Administração Pública com o particular[209].

Sem pretender imiscuir-se na acesa controvérsia relativa à autonomia didática ou jurídica do Direito Financeiro[210], parece-nos que, no

---

[208] AMSELEK, Paul. Sur le particularisme de la légaltié budgétaire. *In:* Études de droit public. Paris: Éditions Panthéon Assas, 2009, p. 427.

[209] O Professor Oswaldo Aranha Bandeira de Mello, ao tratar do instituto da licitação, proferiu estas valiosas lições: "Em utilizado pela A.P., assume dupla feição: de Direito Financeiro e de Direito Administrativo, quando respectivamente regulamentados, a gestão econômico-financeira do Estado ou quem lhe faça as vezes, ou diga respeito à forma de ação da entidade pública para escolher a oferta, deve preceder aos acordos retro referidos. Verifica-se, pois, que o instituto de licitação pertence, como objeto do Direito Público, a dois ramos jurídicos distintos: de Direito Financeiro, quantos às normas jurídicas da gestão econômico-contábil, pertinentes à receita e à despesa; de Direito Administrativo, quantos às normas jurídicas de ordenamento desse procedimento, referentes à forma de atividade para obter a melhor oferta, a melhor proposta entre os candidatos a eventual acordo de vontades, por parte deles com a entidade pública, que solicitou as condições de preço e modos de venda de bens e de execução de obra ou de prestação de serviço. São duas posições distintas: a das normas relativas à receita e à despesa, previstas no orçamento da entidade, e devidamente contabilizadas, e que envolvem, por assim dizer, o conteúdo da licitação, de *Direito Financeiro*; e a forma de proceder da entidade pública, para efetivação da escolha da melhor oferta, de *Direito Administrativo*. Embora distintas, sob certo aspecto, se entrelaçam, porquanto a ação administrativa informa a atuação financeira. Realmente, tais acordos dizem respeito à gestão econômico-financeira da entidade pública, quando deles participa, sendo a licitação o procedimento administrativo, que a embasa juridicamente, como o processo próprio para escolha de terceiro, particular, interessando na efetivação do acordo, objeto da licitação" (BANDEIRA DE MELLO, Oswaldo Aranha. *Da licitação*. São Paulo: José Bushatsky, 1978, pp. 31 e 32).

[210] Para um panorama das correntes doutrinárias acerca deste tema: VILLEGAS, Héctor. *Curso de Direito Tributário*. São Paulo: RT, 1980, p. 39-47. Preleciona o Professor Celso Antônio Bandeira de Mello: "Certas parcelas do campo recoberto pela função administrativa, isto é, certos capítulos do Direito Administrativo são excluídos de sua órbita de estudos e tratados em apartado, *como ramos do Direito* – caso do "Direito

CAPÍTULO IV – A SUBVENÇÃO NO DIREITO ADMINISTRATIVO...

Direito brasileiro, comparecem princípios, emanados da Constituição Federal[211], que infundem unidade sistemática a um conjunto de regras jurídicas disciplinadoras da atividade financeira do Estado, de sorte a afirmar-se a *autonomia jurídica* deste ramo do Direito Público[212].

O Direito Financeiro apresenta-se como o conjunto de princípios e regras que disciplina parcela da função administrativa[213] vocacionada à captação, custódia, gestão e dispêndio de recursos públicos[214]. No verbo de Roberto Dromi, "El Derecho Financiero es una disciplina jurídica autónoma del derecho administrativo"[215].

Tributário", do "Direito Financeiro", do "Direito Previdenciário" – *conquanto se constituam em unidades temáticas tão sujeitas ao regime jurídico administrativo como quaisquer outras*" (*Curso de Direito Administrativo,* 31ª ed. São Paulo: Malheiros, 2014, p. 37 e 38).

[211] Anote-se que a própria Constituição Federal consagra a autonomia do Direito Financeiro: "Art. 24. Compete à União, aos Estados e ao Distrito Federal legislar concorrentemente sobre: I – direito tributário, *financeiro*, penitenciário, econômico e urbanístico" (grifo nosso).

[212] A este respeito, leciona o Professor Heleno Taveira Torres: "O Direito Financeiro, como dogmática jurídica (Ciência do Direito), ao descrever o seu objeto (e, assim, construir o sistema externo), que é o conjunto de normas jurídicas que direta ou indiretamente regem a atividade financeira do Estado (sistema interno), tem sua unidade forjada a partir da própria Constituição. Esta é a diferenciação que permite a autonomia do Direito Financeiro, a partir da Constituição Financeira" (*Direito Constitucional Financeiro: teoria da Constituição Financeira*. São Paulo: RT, 2014, p. 38).

[213] Eis a nossa definição de função administrativa: "(...) função exercida pelo Estado, ou por quem lhe faça as vezes, que se singulariza por ser desenvolvida mediante comportamentos submetidos à lei ou, excepcionalmente, diretamente à Constituição, e sujeitos à controle jurisdicional" (VALIM, Rafael. *O princípio da segurança jurídica no Direito Administrativo brasileiro*. São Paulo: Malheiros, 2010, p. 66).

[214] ATALIBA, Geraldo. Normas gerais de Direito Financeiro. *Revista de Direito Administrativo*, p. 40. O Professor Regis Fernandes de Oliveira assim define o Direito Financeiro: "Podemos definir o Direito Financeiro como o 'o conjunto de princípios e regras que dispõe sobre a arrecadação de receitas não tributárias, coloca-as no orçamento, estabelece as despesas, realiza-as, controla-as por seus órgãos e instrumentos de controle, administra receitas e despesas, distribui-as entre os diversos entes federativos, exige responsabilidade na aplicação dos recursos e impõe sanções às infrações cometidas" (*Curso de Direito Financeiro*, 6ª ed. São Paulo: RT, 2014, p. 184).

[215] DROMI, Roberto. *Derecho Administrativo*, 4ª ed. Buenos Aires: 1995, p. 171; BOURGET, Renaud. *La science juridique et le droit financier et fiscal: étude historique et comparative du développement de la science juridique fiscal (fin XXᵉ et XXᵉ siècles)*. Paris: Dalloz, 2002, p. 333-335.

RAFAEL VALIM

É fundamental realçar a fronteira entre o Direito Administrativo e o Direito Financeiro porquanto, como já se afirmou no início deste trabalho[216], *prevalece no Direito brasileiro o exame jurídico-financeiro das subvenções, ainda resultando insólita uma abordagem sob a ótica do Direito Administrativo*[217].

Com efeito, à luz do Direito Financeiro, a subvenção constitui transferência corrente, prevista no orçamento público, preordenada a auxiliar entidades públicas ou particulares a desempenhar atividades consideradas de interesse público. É o que prescreve a Lei n. 4.320/64, em seu art. 12, § 3º:

> Art. 12. A despesa será classificada nas seguintes categorias econômicas:
>
> (...)
>
> § 3º Consideram-se subvenções, para os efeitos desta lei, as transferências destinadas a cobrir despesas de custeio das entidades beneficiadas, distinguindo-se como: I – subvenções sociais, as que se destinem a instituições públicas ou privadas de caráter assistencial ou cultural, sem finalidade lucrativa; II – subvenções econômicas, as que se destinem a emprêsas públicas ou privadas de caráter industrial, comercial, agrícola ou pastoril.

Também merece referência a definição jurídico-financeira do Professor Regis Fernandes de Oliveira: "Podemos definir subvenção como o auxílio financeiro, previsto no orçamento público, para ajudar entidades públicas ou particulares a desenvolver atividades assistenciais, culturais ou empresariais"[218].

---

[216] Ver a introdução.

[217] No contexto francês, Jean Rivero entende que o estudo das subvenções pertence ao Direito Financeiro, porém ressalta que é "preciso tomar consciência da sua extrema importância no que toca às relações do poder público com os particulares" (*Direito Administrativo*. Coimbra: Almedina, 1981, p. 508).

[218] OLIVEIRA, Regis Fernandes de. *Curso de Direito Financeiro*, 6ª ed. São Paulo: RT, 2014, 668.

CAPÍTULO IV – A SUBVENÇÃO NO DIREITO ADMINISTRATIVO...

Conforme veremos a seguir, entretanto, a concepção de subvenção encontradiça no Direito Financeiro não se confunde com a concepção haurida do Direito Administrativo.

2 CONCEITO DE SUBVENÇÃO

Há uma enorme confusão em torno das subvenções. Doutrina, legislação e jurisprudência não estão de acordo a respeito do *conteúdo conceitual* desta figura, seu *regime jurídico* e sua *denominação*[219]. A profunda equivocidade do termo "subvenção" exige, nessa medida, a estipulação de uma definição clara e precisa dos seus contornos jurídico-positivos[220].

Evidentemente, no presente trabalho não se pretende dissertar sobre pormenores da hipertrofiada e heterogênea legislação brasileira sobre as subvenções. Buscar-se-á, indutivamente, o que há de essencial nesta categoria jurídica, apartando-se os elementos que lhe sejam acidentais.

À semelhança da postura que adotamos perante o conceito da atividade de fomento, propomos uma *definição restrita de subvenção*, de sorte a delimitar um específico regime jurídico-administrativo. Pois bem: em nosso juízo, *a subvenção é uma relação jurídico-administrativa típica, caracterizada por uma prestação pecuniária do Estado em favor de um sujeito de direito privado, ao qual corresponde aplicar os valores percebidos, desinteressadamente e com a concorrência de recursos ou bens próprios, no desenvolvimento de uma atividade revestida de interesse público.*

Embora mais adiante venhamos a analisar detidamente a relação jurídico-subvencional, consulta aos nossos propósitos aclarar, ainda que brevemente, os elementos desta definição.

---

[219] DE LA CUÉTARA, Juan Miguel. *La actividad de la Administración*. Madri: Tecnos, 1983, p. 310.

[220] PERICU, Giuseppe; CROCI, Enrica. Sovvenzioni (diritto amministrativo), *Enciclopedia del Diritto*. Milão: Giuffré, 1990, p. 244; OLIVEIRA, Regis Fernandes de. *Curso de Direito Financeiro*, 6ª ed. São Paulo: RT, 2014, p. 666.

2.1 TERMOS DA DEFINIÇÃO

Principiemos pela noção de *relação jurídico-administrativa típica*. À vista do conselho de Luís Cabral de Moncada[221], é a partir da noção de *relação jurídica*[222] que emprestamos adequado tratamento dogmático às subvenções.

No magistério sempre preciso de Lourival Vilanova, "relações jurídicas ocorrem em qualquer campo do direito: no direito das obrigações, no direito das coisas, no direito das sucessões. Igualmente em todos os subdomínios do direito público"[223]. Trata-se de um *conceito fundamental* ou, no léxico de Juan Manuel Terán, *de um conceito lógico-jurídico*, comum e universal, portanto, a todo o sistema jurídico[224], traduzível em um vínculo, constituído pelo Direito, entre sujeitos de direito.

No âmbito do Direito Administrativo, entretanto, ao impregnar-se de positividade, converte-se em um conceito jurídico-positivo, a que denominamos relação jurídico-administrativa[225]. Esta, por sua vez, pode ser entendida como o vínculo intersubjetivo decorrente de uma norma jurídica concreta ditada no uso de prerrogativas públicas pertinentes à

---

[221] Ensina o ilustre Professor: "É precisamente por esta razão que a noção de *relação jurídica administrativa* se revela apropriada para o tratamento dogmático dos subsídios, pois que estão em causa um conjunto de direitos e deveres recíprocos da Administração e dos cidadãos" (CABRAL DE MONCADA, Luís S. *Direito Económico*, 5ª ed. Coimbra: Coimbra Editora, 2007, p. 598).

[222] Há abundante bibliografia sobre o assunto. Citem-se algumas obras: VILANOVA, Lourival. *Causalidade e relação no Direito*, 4ª ed. São Paulo: RT, 2000; CABRAL DE MONCADA, Luís S. *A relação jurídica administrativa: para um novo paradigma de compreensão da actividade, da organização e do contencioso administrativos*. Coimbra: Coimbra Editora, 2009; MAZZA, Alexandre. *A relação jurídica de Administração Pública*. São Paulo: Saraiva, 2012.

[223] *Causalidade e relação no Direito*, 4ª ed. São Paulo: RT, 2000, p. 123.

[224] TERÁN, Juan Manuel. *Filosofía del Derecho*, 19ª ed. Cidade do México: Porrúa, 2007, p. 81-83.

[225] CIRNE LINA, Ruy. *Sistema de Direito Administrativo brasileiro*, vol. I. Porto Alegre: Editora Santa Maria, 1953, p. 40.

CAPÍTULO IV – A SUBVENÇÃO NO DIREITO ADMINISTRATIVO...

função administrativa, em ordem a dar fiel cumprimento à lei e submetida a controle jurisdicional[226].

A subvenção – enquanto relação jurídico-administrativa complexa, no interior da qual tanto o Estado e o particular assumem diversas posições jurídicas ativas e passivas[227] - ostenta uma peculiar fisionomia, inconfundível com as demais espécies de relações jurídico--administrativas[228]. Daí dizer-se que se trata de uma *relação jurídico-administrativa típica*[229].

A segunda nota do conceito está alojada na expressão "prestação pecuniária do Estado". Disso resulta que a subvenção sempre consistirá em uma obrigação estatal cujo objeto é *dinheiro público*[230]. Os trespasses gratuitos de outros bens públicos, móveis ou imóveis, recebem distinto tratamento jurídico.

O terceiro elemento da definição, atinente ao beneficiário da subvenção, evidencia os dessemelhantes significados jurídicos que a

---

[226] VALIM, Rafael. *O princípio da segurança jurídica no Direito Administrativo brasileiro*. São Paulo: Malheiros, 2010, p. 71.

[227] Mercê do caos lexical que reina nesta matéria, é de rigor fixar o sentido com que se empregam os termos *situação jurídica*, *posição jurídica* e *relação jurídica*. Para tanto, valer-nos-emos da síntese precisa de André Luiz Freire: "(...) situação jurídica é o conjunto das posições jurídicas ativas e passivas de um sujeito no âmbito de uma relação jurídica (em sentido amplo)" (*O regime de Direito Público na prestação de serviços públicos por pessoas privadas*. São Paulo: Malheiros, 2014, p. 137). Também merece transcrição o ensinamento do Professor Oswaldo Aranha Bandeira de Mello a respeito das situações jurídicas: "Esses efeitos de direito reconhecem-lhe poderes e deveres, bem como direitos e obrigações, na qualidade de sujeitos ativos e passivos da relação jurídica. Por conseguinte, atribuem-lhes, ou criam a seu favor, *situação jurídica*" (*Princípios de Direito Administrativo*, vol. I, 3ª ed. São Paulo: Malheiros, 2007, p. 439).

[228] A doutrina costuma abordar cogitar de "atos administrativos típicos". Parece-nos, contudo, que a tipicidade não está no ato administrativo, senão que na relação jurídico-administrativa.

[229] PERICU, Giuseppe. *Le sovvenzioni come strumento di azione amministrativa*, v. I. Milão: Giuffrè, 1967, p. 108; FALZONE, Guido. *Le obbligazioni dello Stato*. Milão: Giuffrè, 1960, p. 220; SANDULLI, Aldo M. *Manuale di Diritto Amministrativo*, 7ª ed. Napoli: Casa Editrice Dott. Eugenio Jovene, 1962, p. 314.

[230] COUTO E SILVA, Clóvis V. do. *A obrigação como processo*. Rio de Janeiro: Editora FGV, 2006, pp. 139-149.

RAFAEL VALIM

subvenção assume no Direito Administrativo e no Direito Financeiro. Enquanto neste a subvenção pode ter como sujeito passivo entidades públicas e privadas, naquele, diferentemente, apenas entidades privadas, com ou sem fins lucrativos, podem travar dito vínculo jurídico com o Estado[231].

O quarto traço da definição, concernente ao dever de aplicação dos recursos públicos, indica, a um só tempo, a *afetação* dos bens públicos trespassados ao particular e o caráter *ex ante* da subvenção, ou seja, a instauração da relação subvencional sempre precede a materialização da atividade de interesse público, da qual é causa determinante[232]. Não se confunda, porém, o momento da instauração da relação subvencional com o momento do pagamento da subvenção, visto que este último pode ser anterior ou posterior à realização do comportamento subvencionado.[233]

Outro componente do conceito é a aplicação "desinteressada" dos recursos públicos, por meio do qual se explicita o caráter *não lucrativo* da subvenção[234]. Significa dizer que *tão-somente o custo da atividade subvencionada será coberto pelo Estado, jamais podendo a subvenção se converter em fonte de lucro* para os sujeitos de direito privado, mesmo para aqueles que desempenham atividade econômica[235].

---

[231] Ver item 6.4.2 deste capítulo.

[232] FARRERES, Germán Fernández. Aspectos diferenciales entre las subvenciones y las medidas de fomento económico. *Revista Española de la Función Consultiva*, p. 41.

[233] A mesma orientação encontramos no Direito belga: "Si la subvention vient généralement en soutien d'une action à venir, le paiement de la subvention peut, quant à lui, être postérieur à la réalisation de l'action, que ce soit en tout ou en partie, même si rien n'empêche qu'il soit, lui aussi, antérieur" (RENDERS, David; BOMBOIS, Thomas; VANSNICK, Louis. La définition de la subvention et ses rapports avec la notion d'aide d'etat. *In:* RENDERS, David (Coord.) *Les subventions*. Bruxelas: Larcier, 2011, p. 66).

[234] Ver item 6.4.4 deste capítulo.

[235] MENDONÇA, José Vicente de. *Direito Constitucional Econômico: a intervenção do Estado na economia à luz da razão pública e do pragmatismo*. Belo Horizonte: Fórum, 2014, p. 405; OLIVEIRA, José Roberto Pimenta. *Os princípios da razoabilidade e da proporcionalidade no Direito Administrativo brasileiro*. São Paulo: Malheiros, 2006, p. 536.

CAPÍTULO IV – A SUBVENÇÃO NO DIREITO ADMINISTRATIVO...

Já o penúltimo termo da definição, alusivo à "concorrência de recursos ou bens próprios", expressa a ideia de que, por meio da subvenção, não é permitido custear *toda* a atividade do sujeito de direito privado. Porque medida de *estímulo*, cumpre ao beneficiário concorrer, com patrimônio próprio, para o custeio da atividade subvencionada. Trata-se do chamado "princípio da repartição de riscos", de que cuidaremos adiante[236].

Assinale-se o derradeiro elemento da definição: "atividade revestida de interesse público". Naturalmente, a subvenção não se prestará ao fomento de toda e qualquer atividade, senão que incidirá sobre aquelas *atividades qualificadas como de interesse público pelo sistema normativo.*[237]

3 CATEGORIAS CONTÍGUAS

Uma vez deslindado o conceito de subvenção, passemos ao exame de algumas categorias que lhe são contíguas.

3.1 ISENÇÕES TRIBUTÁRIAS

Muitos autores equiparam as subvenções às *isenções tributárias*, em virtude do igual resultado econômico a que rendem ensejo[238]. Esta visão

---

[236] Ver item 5.8 deste capítulo.

[237] Como esclarece o Professor Celso Antônio Bandeira de Mello, "Uma coisa é a estrutura do interesse público, e outra é a inclusão e o próprio delineamento, no sistema normativo, de tal ou qual interesse que, *perante este mesmo sistema, será reconhecido como disposto desta qualidade*" (*Curso de Direito Administrativo*, 31ª ed. São Paulo: Malheiros, 2014, p. 68).

[238] Exemplo do que estamos a afirmar: "Juridicamente, entretanto, deve-se ressaltar que o conceito de subvenção pressupõe uma prestação pecuniária pelo Estado, o que inocorre no caso de incentivos fiscais, quando adotam a forma de renúncia. Neste sentido, apenas os créditos tributários recairiam naquela categoria. Entretanto, como argumenta Bayer, não pode a visão formal deixar de reconhecer que essencialmente ocorre uma subvenção, seja com uma prestação pecuniária, seja com uma renúncia por parte do Estado" (SCHOUERI, Luis Eduardo. *Normas tributárias indutoras e intervenção econômica.*

economicista, entretanto, é absolutamente inadequada, pois, no verbo sempre preciso de José Souto Maior Borges, "o Direito deforma o dado econômico, dando-lhe tratamento diverso, apreensível à luz de uma metodologia inconfundível com a da ciência econômica, ao transformá-lo numa realidade essencialmente diversa, porque normativa"[239].

Para além da manifesta disparidade dos *regimes jurídicos*[240] da subvenção e da isenção, é notória a *diferença estrutural* entre estas figuras[241].

Com efeito, sem adentrar na querela doutrinária acerca da conceito de isenção[242], certo é que, mais uma vez na lição do Professor José Souto Maior Borges, "a subvenção é um ato translativo de domínio, que implica sempre um 'dare', enquanto a isenção não implica aquisição alguma, implicando, ao contrário, um 'non dare'"[243]. Também realça esta distinção o Professor Giuseppe Pericu, cujas palavras são dignas de transcrição literal:

> L'atto di sovvenzione, al contrario, opera diversamente: non elimina un debito preexistente allo stato attuale o meramente potenziale, non incide, cioè, su una precedente situazione passiva del soggetto, ma attribuisce diretamente un diritto ad una precisa prestazione patrimoniale, senza che a carico del beneficiato sussista alcuna obbligazione di pagare nei confronti dela pubblica amministrazione.[244]

Rio de Janeiro: Forense, 2005, p. 57).

[239] BORGES, José Souto Maior. Subvenção financeira, isenção e dedução tributárias. *Revista de Direito Público*, p. 49.

[240] OLIVEIRA, José Roberto Pimenta. *Os princípios da razoabilidade e da proporcionalidade no Direito Administrativo brasileiro*. São Paulo: Malheiros, 2006, p. 524.

[241] SANTAMARÍA PASTOR, Juan Alfonso. *Princípios de Derecho Administrativo general*, t. II, 2ª ed. Madri: Iustel, 2009, p. 362.

[242] Para um excelente resumo desta discussão: ATALIBA, Geraldo; BANDEIRA DE MELLO, Celso Antônio. Subvenções. Natureza jurídica. Não se confundem com isenções. Irretroatividade da lei. Direito adquirido não gozado. *Revista de Direito Público*, p. 86.

[243] BORGES, José Souto Maior. Subvenção financeira, isenção e dedução tributárias. *Revista de Direito Público*, p. 50.

[244] *Le sovvenzioni come strumento di azione amministrativa*, v. I. Milão: Giuffrè, 1967, p. 142.

CAPÍTULO IV – A SUBVENÇÃO NO DIREITO ADMINISTRATIVO...

Na mesma linha, advertem corretamente Fernando Facury Scaff e Alexandre Coutinho da Silveira que os incentivos fiscais, de que são espécie as isenções tributárias, atuam sobre a *receita pública*, ao passo que os incentivos financeiros, de que são espécie as subvenções, incidem sobre a *despesa pública*[245].

Não há dúvida, pois, de que *a isenção e a subvenção constituem realidades jurídicas inconfundíveis*, insuscetíveis, nessa medida, de igual tratamento no plano da Ciência do Direito.

3.2 SUBSÍDIOS

É de rigor, ademais, apartar-se a *subvenção* do *subsídio*[246]. Enquanto a subvenção se destina ao *estímulo* de determinadas *atividades*, satisfazendo *indiretamente* interesses públicos, os subsídios são preordenados à *proteção* de determinados direitos fundamentais, satisfazendo *diretamente* interesses públicos[247]. Valendo-nos da expressão do Professor Germán Fernández Farreres, cuida-se de medidas diretamente vinculadas ao *status* do beneficiário[248].

Os programas de transferência de renda em favor de pessoas em situações de vulnerabilidade social – voltados, sobretudo, à salvaguarda do direito fundamental à alimentação (art. 6º, *caput*, da Constituição Federal) – e os chamados "programas de bolsa aluguel" – orientados à

---

[245] SCAFF, Fernando Facury; COUTINHO DA SILVEIRA, Alexandre. Incentivos fiscais na federação brasileiras. *In*: MACHADO, Hugo de Brito (Coord.). *Regime jurídico dos incentivos fiscais*. São Paulo: Malheiros, 2015, p. 35.

[246] No Direito brasileiro, o termo "subsídio" é altamente equívoco, podendo aludir a uma espécie de fomento público ou a uma espécie de remuneração de agentes públicos. Aqui, evidentemente, usamos o vocábulo na primeira acepção.

[247] Adotam a mesma concepção de subsídio: MACHMAR, William García. *La subvención en el Derecho Administrativo*. Santiago: Librotecnia, 2011, p. 156; p. 234; CUESTA, Rodrigo. *La subvención*. Buenos Aires: Abeledo-Perrot, 2012, p. 44.

[248] FARRERES, Germán Fernández. Aspectos diferenciales entre las subvenciones y las medidas de fomento económico. *Revista Española de la Función Consultiva*, p. 39.

proteção do direito fundamental à moradia (art. 6º, *caput*, da Constituição Federal) – constituem grandes exemplos de subsídios no Direito brasileiro.

Note-se que tal separação nada tem de cerebrina, a ela correspondendo regimes jurídicos próprios. Três diferenças o comprovam: *nos subsídios não encontra aplicação o mencionado "princípio da repartição de riscos"*[249], sendo lícito ao Estado custear *integralmente* o exercício de determinado direito fundamental; *nos subsídios não há a imposição de aplicação dos recursos públicos a uma determinada atividade*, cumprindo ao particular apenas a comprovação do preenchimento dos requisitos de acesso ao benefício; *os subsídios sofrem o influxo do princípio constitucional da proibição de retrocesso, o que lhes confere especial estabilidade jurídica*[250].

É oportuno ressaltar a importância transcendente da última diferença apontada, relativa à incidência do princípio constitucional da proibição de retrocesso, também conhecido como princípio da não reversibilidade dos direitos fundamentais[251], sobre os subsídios outorgados pelo Estado.

Isto significa que não é dado ao legislador infraconstitucional, muito menos à autoridade administrativa, debilitar a implementação dos direitos fundamentais, especialmente dos direitos fundamentais sociais. Não só em dimensão restrospectiva, senão que, sobretudo,

---

[249] Ver item 5.8 deste capítulo.

[250] Afirma o Professor Ingo Wolfgang Sarlet: "Em suma, a questão central que se coloca neste contexto específico da proibição de retrocesso é a de saber se e até que ponto pode o legislador infraconstitucional (assim como os demais órgãos estatais, quando for o caso) voltar atrás no que diz com a implementação dos direitos fundamentais sociais, assim como dos objetivos estabelecidos pelo Constituinte – por exemplo, no artigo 3º da Constituição de 1988 – no âmbito das normas de cunho programático (ou impositivo, se preferirmos esta terminologia) ainda que não o faça com efeitos retroativos e que não esteja em causa uma alteração do texto constitucional" (*A eficácia dos direitos fundamentais: uma teoria geral dos direitos fundamentais na perspectiva constitucional*, 11ª ed. Porto Alegre: Livraria do Advogado, 2012, p. 445).

[251] QUEIROZ, Cristina. *O princípio da não reversibilidade dos direitos fundamentais sociais: princípios dogmáticos e prática jurisprudencial*. Coimbra: Coimbra Editora, 2006, p. 67 e ss.

CAPÍTULO IV – A SUBVENÇÃO NO DIREITO ADMINISTRATIVO...

prospectiva. Ou seja, há direito subjetivo não só ao subsídio, como à manutenção dele, enquanto persistir a situação de vulnerabilidade que o justifica. Como bem diz o Professor Vidal Serrano Nunes Júnior, "(...) concretizado um fim ou definida uma tarefa ou diretriz do Poder Público, o retrocesso desta eventual política pública implica uma inconstitucionalidade"[252].

A demonstrar a virtualidade jurídica do que estamos a defender, refira-se interessantíssimo precedente do Tribunal Constitucional de Portugal, versando exatamente sobre subsídio, em que, por violação ao princípio da proibição de retrocesso, julgou-se inconstitucional um Decreto da Assembleia da República que, ao substituir o pretérito rendimento mínimo garantido por um novo rendimento social de inserção, excluiu da fruição do benefício pessoas com idade entre 18 e 25 anos[253].

3.3 DOAÇÕES

Tampouco se pode equiparar a *subvenção* à *doação*[254]. Ainda que com derrogações de Direito Público, a doação, definida pelo Código Civil como um "contrato em que uma pessoa, por liberalidade, transfere do seu patrimônio bens ou vantagens para o de outra" (art. 538), instala uma relação jurídica regida pelo *Direito Privado*[255], ao passo que a subvenção é disciplinada pelo *Direito Administrativo*.

---

[252] NUNES JÚNIOR, Vidal Serrano. *A cidadania social na Constituição de 1988: estratégias de positivação e exigibilidade dos direitos sociais*. São Paulo: Verbatim, 2009, p. 118.

[253] Acórdão n. 509/2002, Processo n. 768/2002, julgado pelo Tribunal Constitucional de Portugal em 19 de dezembro de 2002.

[254] Confunde a doação com os subsídios: FRANCO JÚNIOR, Raul de Mello. *Alienação de bens públicos*. São Paulo: Malheiros: 2011, p. 140. Sobre a doação, ver, por todos: PENTEADO, Luciano de Camargo. *Doação com encargo e causa contratual: uma nova teoria do contrato*, 2ª ed. São Paulo: RT, 2013.

[255] BANDEIRA DE MELLO, Celso Antônio. *Curso de Direito Administrativo*, 31ª ed. São Paulo: Malheiros, 2014, p. 628; SUNDFELD, Carlos Ari. *Licitação e contrato administrativo: de acordo com as Leis 8.666/93 e 8.883/94*, 2ª ed. São Paulo: Malheiros, 1995, pp. 201-203.

Além disso, observe-se que, diferentemente da subvenção, a doação, em regra, pode ser efetivada em prol de sujeitos de direito público[256], e seu objeto comporta qualquer bem público dominical, móvel ou imóvel.

Registre-se, por fim, o caráter *excepcional* geralmente atribuído às doações de bens imóveis, as quais resultam cabíveis tão só nos casos em que outras formas de outorga de uso, como a concessão de uso, cessão de uso, concessão de direito real de uso, não forem viáveis no caso concreto.[257]

3.4 PRÊMIOS

Outro instituto adjacente à subvenção e absolutamente negligenciado no Direito Administrativo brasileiro é o *prêmio*, ao qual podem ser atribuídos três significados: (i) contraprestação da Administração Pública em face da prestação de trabalho técnico, científico ou artístico (art. 13, § 1º, art. 22, § 4º, e art. 52, § 1º, inc. III, todos da Lei n. 8.666/93)[258]; (ii) prestação pecuniária estatal em favor de determinado particular, em decorrência da exploração de loteria (art. 16 do Decreto-Lei n. 204/67)[259]; e (iii) prestação estatal, a título

---

[256] A título exemplificativo, mencionem-se o art. 31 da Lei n. 9.636/98 e o art. 17 da Lei n. 8.666/93.

[257] Assim preceitua a Lei Orgânica do Município de São Paulo: "Art. 112. A alienação de bens municipais, subordinada à existência de interesse público devidamente justificado, será sempre precedida de avaliação e obedecerá às seguintes normas:

(...)

§ 3º – *O Município, preferentemente à venda ou doação de seus bens imóveis, outorgará concessão de direito real de uso, mediante prévia autorização legislativa e concorrência*" (grifo nosso).

[258] JUSTEN FILHO, Marçal. *Comentários à lei de licitações e contratos administrativos*, 16ª ed. São Paulo: RT, 2014, p. 358.

[259] O Supremo Tribunal Federal, em interpretação do art. 22, XX, da Constituição Federal, concluiu que os sistemas de consórcios e sorteios, inclusive bingos e loterias, estão compreendidos na competência privativa da União. A súmula vinculante n. 2 consolidou tal entendimento: "É inconstitucional a lei ou ato normativo Estadual

CAPÍTULO IV – A SUBVENÇÃO NO DIREITO ADMINISTRATIVO...

de fomento, tendo em vista a realização de certa atividade de interesse público[260].

Para os propósitos desta tese, importa a qualificação do prêmio enquanto meio de fomento, de sorte a diferenciá-lo da subvenção.

Com efeito, diversas são as dessemelhanças entre estas figuras. Uma das mais marcantes reside no fato de que a relação jurídica subvencional é instaurada *antes* da realização da atividade que se pretende fomentar (*ex ante*), ao passo que relação jurídica premial é criada *após* a realização de determinada atividade (*ex post*)[261]. Nesta linha, preleciona o Professor Germán Fernández Farreres: "De otra parte, sin perjuicio de lo que más adelante se dirá, la subvención queda también diferenciada de los premios, ya que el otorgamiento de éstos se produce a posteriori de una determinada actividad o conducta, sin entablarse una relación jurídica previa entre el otorgante y el beneficiário"[262].

Outro traço que reforça a distinção entre a subvenção e o prêmio atina ao *objeto* das relações jurídicas. Os prêmios, diferentemente das subvenções, *não guardam necessária correspondência com as despesas* efetivadas na realização da atividade incentivada[263].

---

ou Distrital que disponha sobre sistemas de consórcios e sorteios, inclusive bingos e loterias".

[260] BELLOSO, Miguel José Izu. El régimen jurídico de los premios concedidos por las Administraciones Públicas. *Revista Jurídica de Navarra*, 47: 125-180.

[261] SÁNCHEZ, Ramón Barba. El régimen jurídico de los premios. *In:* SANAGUSTÍN, Mario Garcés; OLMEDA, Alberto Palomar (Coord.). *Derecho de las subvenciones y ayudas públicas*. Madri: Arazandi, 2011, p. 781 e 782.

[262] FARRERES, Germán Fernández. Aspectos diferenciales entre las subvenciones y las medidas de fomento económico. *Revista Española de la Función Consultiva*, p. 39; MUÑOZ MACHADO, Santiago. *Tratado de Derecho Administrativo y Derecho Público general*, t. IV. Madri: Iustel, 2011, p. 795.

[263] Encontramos interessantes exemplos de prêmios na política agrícola (BONONI, Alexandre Bottino. Políticas agrícolas: principais instrumentos governamentais para fomentos das atividades agrícolas (A intervenção do Estado na agricultura). *In:* SANTOS, Márcia Walquiria Batista dos; QUEIROZ, João Eduardo lopers (Coord.). *Direito do agronegócio*. Belo Horizonte: 2005, p. 115).

RAFAEL VALIM

A partir destas considerações se entrevê, uma vez mais, a indigitada descoincidência entre os conceitos de subvenção construídos pelo Direito Administrativo e pelo Direito Financeiro[264]. Isto porque, *sob a ótica do Direito Administrativo, as "subvenções econômicas" previstas no art. 18, parágrafo único, alíneas "a" e "b", da Lei n. 4.320/64, são, em verdade, prêmios*[265].

4 CLASSIFICAÇÕES DAS SUBVENÇÕES

Interessa-nos neste momento um breve recenseamento das classificações, doutrinárias e legais, das subvenções públicas.

Pertence a Jean Boulois uma célebre classificação doutrinária das subvenções, as quais são divididas, segundo o *critério da finalidade*, em três espécies: *subvenção econômica* – vocacionada a influir na conjuntura econômica –, *subvenção pública* – concedida a pessoas ou empresa privadas que perseguem fins de interesse público – e, finalmente, *subvenção administrativa* – concedida a outras entidades públicas[266].

Tal classificação, entretanto, além de não se mostrar útil à luz do Direito Administrativo brasileiro, acolhe a figura da subvenção em favor de outro sujeito de direito público – denominada de "subvenção administrativa" –, o que reputamos inadmissível.

Há outra classificação doutrinária muito conhecida, forjada a partir do *critério da situação jurídica do beneficiário da subvenção*, da qual

---

[264] Ver item 1 deste capítulo.

[265] Seja-nos permitido transcrever o aludido enunciado legal: "Art. 18. A cobertura dos déficits de manutenção das emprêsas públicas, de natureza autárquica ou não, far-se-á mediante subvenções econômicas expressamente incluídas nas despesas correntes do orçamento da União, do Estado, do Município ou do Distrito Federal.

Parágrafo único. Consideram-se, igualmente, como subvenções econômicas:

a) as dotações destinadas a cobrir a diferença entre os preços de mercado e os preços de revenda, pelo Govêrno, de gêneros alimentícios ou outros materiais;

b) as dotações destinadas ao pagamento de bonificações a produtores de determinados gêneros ou materiais". (grifo nosso)

[266] *Essai sur le politique des subventions administratives*. Paris: Armand Colin, 1951.

CAPÍTULO IV – A SUBVENÇÃO NO DIREITO ADMINISTRATIVO...

defluem duas espécies subvencionais[267]: as *subvenções puras*, caracterizadas pela inexistência de deveres ao subvencionado, e as *subvenções condicionadas*, nas quais o beneficiário se compromete a realizar uma determinada atividade.

Tampouco esta classificação, contudo, encontra correspondência em nosso direito positivo. Como já vimos, as subvenções puras nada mais são que *subsídios*[268] e cogitar de "subvenção condicionada" é, em rigor, um pleonasmo, na medida em que é conatural à subvenção a irrogação de um dever ao seu beneficiário.

Em oposição à inutilidade jurídica das classificações acima descritas, apresentam-se duas classificações, de trânsito corrente e moente na doutrina, que guardam pertinência com a ordem jurídica brasileira. A primeira delas tem como critério a *forma de determinação da quantia da subvenção*, do que redundam *subvenções fixas* – cujo valor é certo – e *subvenções variáveis* – cujo valor é estabelecido em conformidade com certo aspecto da atividade ou do sujeito subvencionados. A segunda classificação distingue, sob o *critério do dever imposto ao sujeito subvencionado*, entre *subvenção de atividade* e *subvenção de resultado*[269]. Aquela, geralmente associada às atividades sociais, importa ao particular o dever de desempenho de certa atividade de interesse público, enquanto que esta, ligada, via de regra, à planificação econômica, comina ao beneficiário da subvenção a obtenção de uma utilidade certa e determinada[270].

Refira-se, afinal, à classificação constante do art. 12 da Lei n. 4.320/64, a partir da qual se estremam as *subvenções sociais*, destinadas a instituições públicas ou privadas de caráter assistencial ou cultural, sem finalidade lucrativa, das *subvenções econômicas*, destinadas a entidades públicas ou privadas de caráter industrial, comercial, agrícola ou pastoril.

---

[267] MARTÍNEZ, Eloy Lares. *Manual de Derecho Administrativo*, 5ª ed. Caracas: Universidad Central de Venezuela, 1983, p. 269.

[268] Ver item 3.2 deste capítulo.

[269] CUESTA, Rodrigo. *La subvención*. Buenos Aires: Abeledo-Perrot, 2012, p. 48.

[270] COMPARATO, Fábio Konder. Obrigações de meios, de resultado e de garantia. *Revista dos Tribunais*, p. 30.

5 PRINCÍPIOS JURÍDICOS REGENTES DA RELAÇÃO SUBVENCIONAL

Ocupemo-nos agora dos princípios jurídicos que informam a criação, a modificação e a extinção da relação jurídico-administrativa subvencional.

Tendo em conta a profunda polissemia do vocábulo "princípio" no universo jurídico, estipulemos o sentido em que ele será empregado na presente investigação: *princípios são normas jurídicas, explícitas ou implícitas, portadoras dos valores mais caros à comunidade jurídica e prestantes a guiar a interpretação dos enunciados normativos, a colmatar lacunas normativas, a invalidar aquelas regras que lhe são contrárias e a presidir a racionalidade do ordenamento jurídico, ao qual conferem conexão sistemática.*[271]

Conforme restará demonstrado, os princípios projetam-se não só sobre o *exercício* da competência subvencional, mas também sobre a *atribuição* da aludida competência administrativa.

5.1 PRINCÍPIO DA LEGALIDADE

Durante largo período, considerou-se a atividade de fomento e, por conseguinte, a subvenção, alheia ao princípio da legalidade. Hodiernamente, entretanto, a concessão de subvenções rende obediência à *legalidade orçamentária*[272] (art. 165 da Constituição Federal) e à *legalidade administrativa*[273] (art. 37, *caput*, da Constituição Federal).

---

[271] Desenvolvemos este conceito na seguinte obra: *O princípio da segurança jurídica no Direito Administrativo brasileiro*. São Paulo: Malheiros, 2010, p. 42 e 43.

[272] BARROSO, Luís Roberto; MENDONÇA, Eduardo. O sistema constitucional orçamentário. *In:* MARTINS, Ives Gandra da Silva; MENDES, Gilmar Ferreira; VALDER DO NASCIMENTO, Carlos (Coord.). *Tratado de Direito Financeiro*, vol. 1. São Paulo: Saraiva, 2013, pp. 236 e ss; SCHMIDT-ASSMANN, Eberhard. *La teoría general del derecho administrativo como sistema: objetos y fundamentos de la construcción sistemática*. Madri: Marcial Pons, 2003, p. 104.

[273] ROCHA, Silvio Luis Ferreira da. *Terceiro Setor*, 2ª ed. São Paulo: Malheiros, 2006, p. 31;

CAPÍTULO IV – A SUBVENÇÃO NO DIREITO ADMINISTRATIVO...

Significa dizer que a previsão orçamentária das subvenções é insuficiente para atender a exigência constitucional de legalidade. *Impõe-se que, a par da veiculação orçamentária, disciplinem-se, em lei, os aspectos essenciais da competência subvencional*[274]. No contexto do Direito espanhol, Germán Fernández Farreres sentencia:

> De ahí la insuficiencia de la previsión presupuestaria – en realidad, una simple partida presupuestaria – para cubrir formal y materialmente la exigencia de Ley previa respecto de la institución y regulación de subvenciones vinculadas al ejercicio de derechos fundamentales e, incluso me atrevería a afirmar, respecto de cualesquiera tipos o clases de subvenciones[275].

SANTAMARÍA PASTOR, Juan Alfonso. *Princípios de Derecho Administrativo general*, t. II, 2ª ed. Madri: Iustel, 2009, p. 356; BEN MESSAOUD, Sarah; BOUVIER, Philippe; GALLEZ, Laurence; VAN DER MAREN, Nicolas. Le régime d'institutionnalisation de la subvention. *In:* RENDERS, David (Coord.) *Les subventions.* Bruxelas: Larcier, 2011, p. 193; CEPEDA, Gladys Camacho. Las modalidades de la actividad administrativa y los princípios que rigen la actuación de la Administración del Estado. *In:* PANTOJA BAUZÁ, Rolando (Coord.). *Derecho Administrativo Chileno.* Cidade do México: Porrúa, 2007, p. 561; CUESTA, Rodrigo. *La subvención.* Buenos Aires: Abeledo-Perrot, 2012, p. 80; MENDONÇA, José Vicente de. *Direito Constitucional Econômico: a intervenção do Estado na economia à luz da razão pública e do pragmatismo.* Belo Horizonte: Fórum, 2014, p. 402.

[274] Vale reproduzir, a propósito, o autorizado escólio do Professor Paul Amselek: "En effet, les actes par lesquels l'administration crée des obligations pécuniaires ou reconnaît des obligations pécuniaires préexistantes à sa charge et ceux par lesquels ele en arrête le montant, ce sont des actes qui mettent directement en cause le régime des dettes et obligations des personnes publiques, qui s'inscrivent dans le processus des relations de débiteur à créancier: ils sont don, à ce titre, soumis à la légalité administrative ordinaire (par exemple, la conclusion d'un contrat stipulant le paiement d'une somme d'argent par la collectivité publique contractante est soumise au régime general des contrats de l'administration). Mais en même temps, selon la tradition de notre comptabilité publique, ces actes sont consideres comme faisant partie intégrante de la procédure même d'acocomplissement de la dépense publique, cette dernière se déroulant, en principe par les phases de l'engagement, de la liquidation, de l'ordonnancement et du paiement (cf. les articles 28 et s. du décret du 29 décembre 1962 portant règlement general sur la comptabilité publique): à ce titre, ces actes sont donc également régis par les régles spécifiques de la légalité budgétaire et comptable" (Sur le particularisme de la légalité budgétaire. *In:* Études de droit public. Paris: Éditions Panthéon Assas, 2009, pp. 426 e 427).

[275] De nuevo sobre la subvención y su régimen jurídico en el Derecho Español. *Revista*

RAFAEL VALIM

Já dizia o mestre Geraldo Ataliba, procedentemente, que "no nosso sistema, só a lei pode dispor sobre a destinação dos dinheiros públicos"[276]. Nada mais correto. À lei compete estabelecer, no mínimo, *os requisitos objetivos de acesso à subvenção, os critérios que permitam determinar, também em termos objetivos, o seu montante, os deveres que recairão sobre os seus beneficiários e o procedimento por meio do qual se ensejará a sua outorga.*[277]

O Professor José Roberto Pimenta Oliveira comunga do mesmo entendimento:

> A estruturação funcional dos deveres-poderes administrativos promocionais deve estar consignada na lei, com a especificação clara das condições exigíveis de seus beneficiários, das limitações quantitativa e qualitativas das vantagens oferecidas, do âmbito material albergado pela atividade, do prazo previsto de vigência das medidas fomentadoras e, por fim, das limitações processuais a serem observadas no processo administrativo de concessão[278].

É fundamental sublinhar que *toda e qualquer subvenção se submete às legalidades orçamentária e administrativa.* Não apenas as subvenções econômicas,

---

de Administración Pública, p. 65. O Professor Cabral de Moncada declara em termos precisos: "Pretender que a legalidade da subvenção se satisfaz pela mera aprovação parlamentar da despesa pública em que se traduz é iludir a questão; significa confundir o controlo parlamentar da actividade administrativa, ao menos da que tem expressão orçamental, com a questão da conformidade dessa mesma actividade com a lei. Para a legalidade da subvenção não basta a aprovação do orçamento; torna-se necessária uma norma legislativa autónoma que trate das condições mínimas em que pode ser levada a cabo" (*Direito Económico*, 5ª ed. Coimbra: Coimbra Editora, 2007, p. 602).

[276] Isenção e subvenção. Distinção entre os institutos. Irretroatividade da lei. Direito adquirido, *Revista dos Tribunais*, p. 53.

[277] BEN MESSAOUD, Sarah; BOUVIER, Philippe; GALLEZ, Laurence; VAN DER MAREN, Nicolas. Le régime d'institutionnalisation de la subvention. *In:* RENDERS, David (Coord.) *Les subventions*. Bruxelas: Larcier, 2011, p. 194; CEPEDA, Gladys Camacho. Las modalidades de la actividad administrativa y los princípios que rigen la actuación de la Administración del Estado. *In:* PANTOJA BAUZÁ, Rolando (Coord.). *Derecho Administrativo Chileno*. Cidade do México: Porrúa, 2007, p. 561.

[278] OLIVEIRA, José Roberto Pimenta. *Os princípios da razoabilidade e da proporcionalidade no Direito Administrativo brasileiro.* São Paulo: Malheiros, 2006, p. 525.

CAPÍTULO IV – A SUBVENÇÃO NO DIREITO ADMINISTRATIVO...

como alguns pretendem, fundados no art. 19 da Lei n. 4.320/64[279], mas também as subvenções sociais dependem, para sua válida emissão, de lei dispondo sobre os principais aspectos da competência administrativa.

De igual modo, as transferências de capital – as quais, conforme veremos mais adiante, também configuram subvenções no universo do Direito Administrativo[280] – sujeitam-se às mencionadas exigências do princípio da legalidade. Disso resulta, aliás, a inconstitucionalidade do chamado "auxílio", que, nos termos do art. 12, § 6º, da Lei n. 4.320/64, representaria transferência de capital derivada "diretamente do orçamento".

Não obstante padecer de sofrível redação, o art. 26, *caput* e § 2º, da Lei de Responsabilidade Fiscal confirma, segundo se nos afigura, esta ampla exigência constitucional de legalidade no âmbito das subvenções:

> Art. 26. A destinação de recursos para, direta ou indiretamente, cobrir necessidades de pessoas físicas ou déficits de pessoas jurídicas *deverá ser autorizada por lei específica*, atender às condições estabelecidas na lei de diretrizes orçamentárias e estar prevista no orçamento ou em seus créditos adicionais.
>
> (...)
>
> § 2º Compreende-se incluída a concessão de empréstimos, financiamentos e refinanciamentos, inclusive as respectivas prorrogações e a composição de dívidas, a *concessão de subvenções* e a participação em constituição ou aumento de capital (grifos nossos).

Ressalve-se, oportunamente, que, embora defendamos este largo imperativo de legalidade, não se nos afigura correto afirmar que deste dispositivo da Lei de Responsabilidade Fiscal se dessuma a necessidade de autorização legislativa, caso a caso, para a concessão de

---

[279] Reza a lei: "Art. 19. A Lei de Orçamento não consignará ajuda financeira, a qualquer título, a emprêsa de fins lucrativos, salvo quando se tratar de subvenções cuja concessão tenha sido expressamente autorizada em lei especial".

[280] Ver item 6.4.4 deste capítulo.

105

subvenções[281]. Isto traduziria indevida intromissão do Poder Legislativo na atuação típica do Poder Executivo, resultando, pois, em grave atentado ao princípio da separação de Poderes. Na lição clássica de Meirelles Teixeira, "as exceções ao princípio da separação, isto é, todas aquelas participações de cada poder, a título secundário, em funções que teórica e normalmente competiriam a outro poder, só serão admissíveis quando a Constituição as estabeleça, e nos termos em que o fizer".[282]

Esclarecida está, assim, a compostura do princípio da legalidade relativamente às subvenções públicas.

5.2 PRINCÍPIO DA IGUALDADE

Em estreito vínculo com o princípio da legalidade coloca-se o princípio da igualdade, cujo exame deve ser feito em dois planos: a igualdade *na* lei e a igualdade *perante* a lei, ou, em outro dizer, igualdade na *atribuição* da competência administrativa e igualdade no *exercício* da competência administrativa.

---

[281] Esta é a interpretação da Professora Maria Sylvia Zanella Di Pietro, da qual, respeitosamente, discordamos (Arts. 18 a 28. *In:* MARTINS, Ives Gandra da Silva; VALDER DO NASCIMENTO, Carlos (Coord.). *Comentários à Lei de Responsabilidade Fiscal*, 7ª ed. São Paulo: Saraiva, 2014, p. 234 e 235).

[282] *Curso de Direito Constitucional*, 2ª ed. Florianópolis: Conceito Editorial, 2011, p. 542. A doutrina contemporânea do Direito Administrativo tem desenvolvido este tema a partir da noção de "reserva de administração" (COVIELLO, Pedro José Jorge. La denominada 'zona de reserva de administración' y el principio de la legalidad administrativa. *In:* CASSAGNE, Juan Carlos (Coord.). *Derecho Administrativo: obra colectiva en homenaje al profesor Miguel S. Marienhoff.* Buenos Aires: Abeledo-Perrot, 1998; OTERO, Paulo. *Legalidade e administração pública: o sentido da vinculação administrativa à juridicidade.* Coimbra: Almedina, 2007, p. 753-755; GORDILLO, Agustín. *Tratado de Derecho Administrativo,* t. I, 7ª ed. Belo Horizonte: Del Rey, 2003, VII-7). No Brasil esta categoria é praticamente inexplorada, exceutadas as valiosas reflexões de Ricardo Marcondes Martins (Convalidação legislativa. *In:* VALIM, Rafael; OLIVEIRA, José Roberto Pimenta; DAL POZZO, Augusto Neves (Coord.). *Tratado sobre o princípio da segurança jurídica no Direito Administrativo.* Belo Horizonte: 2013) e de Vera Monteiro (Concessão e prévia autorização legislativa: STF e TJSP têm algo a dizer. *In:* VALIM, Rafael; DAL POZZO, Augusto Neves; AURÉLIO, Bruno; FREIRE, André Luiz (Coord.). *Parcerias público-privadas: teoria geral e aplicação nos setores de infraestrutura.* São Paulo: Fórum, 2014).

CAPÍTULO IV – A SUBVENÇÃO NO DIREITO ADMINISTRATIVO...

Sob a primeira perspectiva, de igualdade *na* lei, impende de logo reconhecer que o fomento, ao ensejar a ampliação da esfera jurídica de determinadas classes de sujeitos, apresenta caráter essencialmente discriminatório[283]e, nessa medida, tem sua legitimidade condicionada, à luz do raciocínio magistral do Professor Celso Antônio Bandeira de Mello, à *avaliação do fundamento lógico da desequiparação* e da *correlação deste com os valores prestigiados na ordem constitucional vigente*[284]. Desrespeitado este esquema, estará a lei inquinada de irremissível inconstitucionalidade.

Não basta, entretanto, a igualdade *na* lei. É imperiosa a igualdade *perante* a lei, o que, no Direito Administrativo, traduz-se, sobretudo, no *exercício isonômico de competências administrativas discricionárias*. No caso das subvenções, tal desiderato é alcançado por meio, fundamentalmente, de dois expedientes: *procedimentos competitivos* e *precedentes administrativos*.

Como bem assinala o Professor Ricardo Marcondes Martins, o fomento por subvenções pode ser *geral* – em que os pressupostos para o deferimento são estabelecidos em norma abstrata – ou, em situações excepcionais, *individual* – em que o benefício é outorgado mediante uma ponderação de específicas circunstâncias fáticas e jurídicas[285].

---

[283] MELLO, Rafael Munhoz de. Atividade de fomento e o princípio da isonomia. *In:* SPARAPANI, Priscilia; ADRI, Renata Porto (Coord.). *Intervenção do Estado no domínio econômico e no domínio social: homenagem ao Professor Celso Antônio Bandeira de Mello.* Belo Horizonte: Fórum, 2010, p. 279; FAGUNDES, Seabra. O princípio constitucional da igualdade perante a lei e o Poder Legislativo. *Revista de Direito Administrativo*, p. 5.

[284] Eis as palavras do eminente Professor: "(...) tem-se que investigar, de um lado, aquilo que é adotado como critério discriminatório; de outro lado, cumpre verificar se há justificativa racional, isto é, fundamento lógico, para, à vista do traço desigualador escolhido, atribuir o específico tratamento construído em função da desigualdade proclamada. Finalmente, impendem analisar se a correlação ou fundamento racional abstratamente existente é, *in concreto*, afinado com os valores prestigiados no sistema normativo constitucional" (*Conteúdo jurídico do princípio da igualdade*, 3ª ed. São Paulo: Malheiros, 2014, p. 21 e 22).

[285] MARTINS, Ricardo Marcondes. *Regulação administrativa à luz da Constituição Federal.* São Paulo: Malheiros, 2011, p. 267.

RAFAEL VALIM

Quando *geral*, o acesso igualitário às subvenções é assegurado ora por meio do *credenciamento*[286], nos casos em que for possível contemplar todos os interessados, ora por intermédio de *procedimento concorrencial*, nos casos em que, mercê da escassez de recursos, resultar impossível o atendimento de todos os interessados[287].

Aliás, a Lei n. 9.637/98, ao dispor em seu art. 2°, inc. II, que a qualificação como organização social (OS) depende simplesmente de um juízo de conveniência e oportunidade das autoridades ali descritas, sem a instauração de qualquer procedimento competitivo, afronta, à toda evidência, o princípio da igualdade, a merecer, induvidosamente, a pecha da inconstitucionalidade[288].

O fomento *individual*, por sua vez, repele a prévia instauração de processo licitatório, de que são interessantes ilustrações as situações previstas nos arts. 30 e 31 da Lei n. 13.019/14:

---

[286] Sobre o tema: ZANCANER, Weida. O perfil jurídico do credenciamento. *In:* MARQUES NETO, Floriano de Azevedo; MENEZES DE ALMEIDA, Fernando Dias; NOHARA, Irene Patrícia; MARRARA, Thiago. *Direito e Administração Pública: estudos em homenagem a Maria Sylvia Zanella Di Pietro.* São Paulo: Atlas, 2013; DALLARI, Adilson Abreu. Credenciamento. *In:* BANDEIRA DE MELLO, Celso Antônio (Coord.). *Estudos em homenagem a Geraldo Ataliba*, v. 2. São Paulo: Malheiros, 1997; GROTTI, Dinorá Adelaide Musetti. Parcerias na Administração Pública. *In:* CARDOZO, José Eduardo Martins; QUEIROZ, João Eduardo Lopes; SANTOS, Márcia Walquiria Batista dos. *Direito administrativo econômico.* São Paulo: Atlas, 2011.

[287] ROCHA, Silvio Luis Ferreira da. *Terceiro Setor*, 2ª ed. São Paulo: Malheiros, 2006, p. 32; DIAS, Maria Tereza Fonseca. O chamamento público para a seleção de entidades do terceiro setor e a realização de convênios: legalidade, obrigatoriedade, procedimento e propostas de reformulação. *In:* BICALHO, Alécia Paolucci Nogueira; DIAS, Maria Tereza Fonseca (Coord.). *Contratações públicas: estudos em homenagem ao Professor Carlos Pinto Coelho Motta.* Belo Horizonte: Fórum, 2013, p. 546; SANTAMARÍA PASTOR, Juan Alfonso. *Principios de Derecho Administrativo general*, t. II, 2ª ed. Madri: Iustel, 2009, p. 356; ARIÑO ORTIZ, Gaspar. *Principios de derecho público económico: modelo de Estado, gestión pública, regulación económica.* Bogotá: Universidad Externado de Colombia, 2003, p. 344 e 345.

[288] BANDEIRA DE MELLO, Celso Antônio. *Curso de Direito Administrativo*, 31ª ed. São Paulo: Malheiros, 2014, p. 246; MARTINS, Ricardo Marcondes. Natureza jurídica das organizações sociais e das organizações da sociedade civil de interesse público. *In:* SPARAPANI, Priscila; ADRI, Renata Porto (Coord.). *Intervenção do Estado no domínio econômico e social: homenagem ao Professor Celso Antônio Bandeira de Mello.* Belo Horizonte: 2010, p. 301.

CAPÍTULO IV – A SUBVENÇÃO NO DIREITO ADMINISTRATIVO...

Art. 30. A administração pública poderá dispensar a realização do chamamento público:

I – no caso de urgência decorrente de paralisação ou iminência de paralisação de atividades de relevante interesse público realizadas no âmbito de parceria já celebrada, limitada a vigência da nova parceria ao prazo do termo original, desde que atendida a ordem de classificação do chamamento público, mantidas e aceitas as mesmas condições oferecidas pela organização da sociedade civil vencedora do certame;

II – nos casos de guerra ou grave perturbação da ordem pública, para firmar parceria com organizações da sociedade civil que desenvolvam atividades de natureza continuada nas áreas de assistência social, saúde ou educação, que prestem atendimento direto ao público e que tenham certificação de entidade beneficente de assistência social, nos termos da Lei n. 12.101, de 27 de novembro de 2009;

III – quando se tratar da realização de programa de proteção a pessoas ameaçadas ou em situação que possa comprometer a sua segurança;

Art. 31. Será considerado inexigível o chamamento público na hipótese de inviabilidade de competição entre as organizações da sociedade civil, em razão da natureza singular do objeto do plano de trabalho ou quando as metas somente puderem ser atingidas por uma entidade específica".

Já o *precedente administrativo*, virtuoso instrumento a serviço da isonomia e da segurança jurídica, é definido por Gustavo Marinho de Carvalho, em preciosa monografia dedicada ao assunto, nos seguintes termos: "(...) norma jurídica extraída por indução de um ato administrativo individual e concreto, do tipo decisório, ampliativo ou restritivo da esfera jurídica dos administrados, e que vincula o comportamento da Administração Pública para todos os casos posteriores e substancialmente similares"[289]. Trata-se, pois, de hipótese de *autovinculação* da

---

[289] MARINHO DE CARVALHO, Gustavo. *Precedentes administrativos no Direito brasileiro*. São Paulo: Contracorrente: 2015, p. 121. Sobre o assunto, consultar: DURÁN

RAFAEL VALIM

Administração Pública, cujo campo discricionário é reduzido em prol da isonomia e da previsibilidade jurídica.

Nos aludidos casos de fomento individual, em que a subvenção é outorgada mediante uma ponderação de específicas circunstâncias fáticas e jurídicas, o precedente administrativo joga um papel importantíssimo, visto que obriga a Administração a tomar a mesma decisão perante casos substancialmente similares. Demais disso, eventual *superação* do precedente administrativo *em desfavor* do administrado, sobre devidamente *motivada*, terá eficácia *prospectiva*.

5.3 PRINCÍPIO DA PROPORCIONALIDADE

A informar toda a atividade administrativa e, em especial, o fomento administrativo, comparece o *princípio da proporcionalidade*, cujo significado foi sintetizado com maestria pelo Professor Celso Antônio Bandeira de Mello:

> (...) a ideia – singela, aliás, conquanto frequentemente desconsiderada – de que as competências administrativas só podem ser

---

MARTÍNEZ, Augusto. El precedente administrativo. *In:* RODRÍGUEZ-ARANA MUÑOZ, Jaime; SENDÍN GARCÍA, Miguel Ángel; PÉREZ HUALDE, Alejandro et al. (Coords.). *Fuentes del Derecho Administrativo: tratados internacionales, contratos como regla de derecho, jurisprudência, doctrina y precedente administrativo.* Buenos Aires: RAP, 2010; SANTOFÍMIO GAMBOA, Jaime Orlando. *La fuerza de los precedentes administrativos en el sistema jurídico del Derecho positivo colombiano.* Bogotá: Universidad Externado de Colombia, 2010; HACHEM, Daniel Wunder. Vinculação da Administração Pública aos precedentes administrativos e judiciais: mecanismo de tutela igualitária dos direitos fundamentais. *In:* BLANCHET, Luiz Alberto; HACHEM, Daniel Wunder; SANTANO, Ana Claudia. *Estado, direito e políticas públicas: homenagem ao professor Romeu Felipe Bacellar Filho.* Curitiba: Ithala, 2014; DÍEZ-PICAZO, Luis. La doctrina del precedente administrativo. *Revista de Administración Pública,* 98: 7-46; DÍEZ SASTRE, Silvia. El precedente administrativo: concepto y efectos jurídicos. *In:* VALIM, Rafael; DAL POZZO, Augusto Neves; OLIVEIRA, José Roberto Pimenta (Coord.). *Tratado sobre o princípio da segurança jurídica no Direito Administrativo.* Belo Horizonte: Fórum, 2013; HOURSON, Sébastien. Quand le principe d'égalité limite l'exercice du pouvoir discrétionnaire: le précédent administratif. *Revue Française de Droit Administratif,* n. 4, jul./ago. 2013.

CAPÍTULO IV – A SUBVENÇÃO NO DIREITO ADMINISTRATIVO...

> validamente exercidas na *extensão* e *intensidade* correspondentes ao que seja realmente demandado para cumprimento da finalidade de interesse público a que estão atreladas. Segue-se que os atos cujos conteúdos ultrapassem o necessário para alcançar o objetivo que justifica o uso da competência ficam maculados de ilegitimidade, porquanto desbordam do âmbito da competência; ou seja, superam os limites que naquele caso lhes corresponderiam[290].

Tal princípio rege toda e qualquer competência administrativa, tenha ela caráter restritivo ou ampliativo da esfera jurídica do administrado. Comina-se, destarte, uma adequação de meios e fins e veda-se a adoção de providências, sejam elas de natureza restritiva ou ampliativa, em medida superior àquela necessária ao atendimento das finalidades públicas[291].

José Roberto Pimenta Oliveira, em notável monografia sobre os princípios da razoabilidade e da proporcionalidade no Direito Administrativo brasileiro, assevera, acertadamente, que as subvenções devem ser *adequadas, necessárias e proporcionais*, à vista dos interesses públicos específicos que lhes preside a existência[292].

Nesses termos, a subvenção, para ser *adequada*, deve apresentar-se como meio idôneo ao atingimento do fim a que se destina. De igual modo, para ser considerada *necessária*, deve emergir, no universo das providências *possíveis* da Administração Pública, como solução indispensável à consecução da finalidade legal a que está atrelada. A *proporcionalidade em sentido estrito*, por fim, resulta da correspondência entre o conteúdo da subvenção

---

[290] BANDEIRA DE MELLO, Celso Antônio. *Curso de Direito Administrativo*, 31ª ed. São Paulo: Malheiros, 2014, p. 113.

[291] VALIM, Rafael; MARINHO DE CARVALHO, Gustavo. O caráter subsidiário das parcerias público-privadas. *In:* VALIM, Rafael; DAL POZZO, Augusto Neves; AURÉLIO, Bruno; FREIRE, André Luiz (Coord.). *Parcerias público-privadas: teoria geral e aplicação nos setores de infraestrutura.* Belo Horizonte: Fórum, 2014, p. 273.

[292] OLIVEIRA, José Roberto Pimenta. *Os princípios da razoabilidade e da proporcionalidade no Direito Administrativo brasileiro.* São Paulo: Malheiros, 2006, p. 536 e ss.

RAFAEL VALIM

e a situação de fato que embasou a sua produção, não sendo lícito ao agente público incorrer em *excesso*, tampouco em *insuficiência*.

5.4 PRINCÍPIO DA MOTIVAÇÃO

O princípio da motivação cobra enorme importância na outorga de subvenções[293].

Como preleciona Pietro Virga, a motivação compreende a *justificação* – exposição dos pressupostos de fato e de direito que ensejaram a edição da norma administrativa – e a *motivação em sentido estrito*, consistente na explicitação do processo lógico que determinou a emanação da norma administrativa e a conformação do seu conteúdo[294]. Na letra do art. 50, § 1º, da Lei n. 9.784/99, a motivação deve ser "explícita, clara e congruente".

Embora tal magno princípio seja inerente a qualquer Estado Democrático de Direito[295], a Constituição Federal de 1988, em seu art. 93, inc. X, consagra-o explicitamente, ao dispor que "as decisões administrativas dos tribunais serão motivadas". Ora, se as decisões administrativas do Poder Judiciário devem ser motivadas, certo é que toda e qualquer providência administrativa, em qualquer dos Poderes da República, também deve sê-lo[296].

---

[293] FREIRE, André Luiz. Responsabilidade patrimonial na atividade administrativa de fomento. *In*: SPARAPANI, Priscilia; ADRI, Renata Porto (coords.) *Intervenção do Estado no domínio econômico e no domínio social: homenagem ao Professor Celso Antônio Bandeira de Mello*. Belo Horizonte: Fórum, 2010, p. 169.

[294] VIRGA, Pietro. *Il provedimento amministrativo*, 3ª ed. Milão: Giuffrè, 1968, p. 212 e ss.

[295] Como bem apontam Guido Santiago Tawil e Laura Mercedes Monti, a motivação é "uma das provas mais contundentes de submissão da autoridade ao Direito" (*La motivación del acto administrativo*. Buenos Aires: Depalma, 1998, p. 52 e 53).

[296] Eis o magistério da Professora Lúcia Valle Figueiredo: "Ora, se as decisões administrativas do Judiciário devem ser motivadas, claro está que a motivacão é necessária para as decisões do Executivo. Deveras, o Judiciário exercita função administrativa de maneira atípica, pois, tipicamente, sua função é judicial. Procedendo-se à interpretação sistemática, não seria de se supor que os tribunais devessem motivar suas decisões administrativas e

CAPÍTULO IV – A SUBVENÇÃO NO DIREITO ADMINISTRATIVO...

Outrossim, é fundamental sublinhar que *a exigência de motivação abrange não só os atos restritivos de direito, senão que também os atos ampliativos de direitos*.

Como já dissemos, impõe-se o abandono da ideia, de todo equivocada, de que apenas os atos restritivos de direito podem ensejar agravos à esfera jurídica dos administrados. Os atos ampliativos de direitos têm um enorme potencial de ofensa a direitos, sobretudo pelo prisma da isonomia. Nas palavras do Professor Celso Antônio Bandeira de Mello, "(...) em país no qual a Administração frequentemente pratica favoritismos ou liberalidades com recursos públicos a motivação é extremamente necessária em atos ampliativos de direito (...)"[297].

É por essa razão que o art. 50 da Lei n. 9.784/99, ao adotar a infausta estratégia legislativa de limitar os casos em que a motivação seria obrigatória[298] e, ainda, não aludir aos atos ampliativos de direitos, incorreu em manifesta inconstitucionalidade[299].

Em resumo, a concessão de subvenções deve ser precedida de suficiente motivação, de sorte a demonstrar a sua compatibilidade com a ordem jurídica.

5.5 PRINCÍPIO DA SEGURANÇA JURÍDICA

O princípio da segurança jurídica, por sua vez, exerce uma influência decisiva na criação, alteração e extinção das subvenções.

---

não fossem a isso obrigados os administradores, a quem cabe expressamente a função administrativa, portanto, de maneira típica" (Estado de Direito e devido processo legal, *Revista Trimestral de Direito Público*, 40 e 41).

[297] *Curso de Direito Administrativo*, 31ª ed. São Paulo: Malheiros, 2014, p. 522 e 523.

[298] Diante disso, o Professor José dos Santos Carvalho Filho sugere que o legislador adotou a "teoria da obrigatoriedade mitigada" (*Processo administrativo federal: comentários à Lei n. 9.784/1999*, 5ª ed. São Paulo: Atlas, 2013, p. 237).

[299] A Professora Angélica Petian também censura este texto legal, mas dele propõe uma interpretação conforme a Constituição (*O regime jurídico dos processos ampliativos e restritivos de direitos*. São Paulo: Malheiros, 2010, p. 151).

Conforme averbamos em monografia dedicada ao tema, o princípio da segurança jurídica é devidamente compreendido a partir de dois núcleos conceituais, quais sejam: *certeza e estabilidade*[300]. A certeza encarna a noção de que o indivíduo deve estar seguro não só quanto à norma aplicável, mas também quanto ao sentido deôntico que encerra esta mesma norma, ao passo que a estabilidade impõe que as expectativas e direitos derivados das normas jurídicas sejam respeitados. Certeza sem estabilidade e estabilidade sem certeza resultam, igualmente, em insegurança: eis porque ambas devem ser igualmente prezadas para fins de proteção do indivíduo contra o uso desatado das competências públicas.

Pelo prisma da *certeza*, é de rigor, em primeiro lugar, à luz da Lei Complementar n. 95/98, *consolidar* a hipertrofiada, incoerente e instável legislação acerca das subvenções, de sorte a facilitar a cognoscibilidade das normas vigentes.

Além da certeza quanto à vigência das normas jurídicas, é fundamental a garantia de que as normas jurídicas *não serão retroeficazes*, salvo se preordenadas a ampliar a esfera jurídica dos administrados. Saliente-se que a atribuição de uma nova interpretação a um enunciado normativo, uma vez que implica a produção de uma nova norma jurídica, também deve obedecer o princípio da irretroeficácia[301]. É o que determinam o art. 146 do Código Tributário Nacional e o art. 2º, parágrafo único, inc. XIII, da Lei n. 9.874/99.

Ainda sob a ótica da certeza, é indispensável a *determinabilidade* das leis que prevêem subvenções públicas[302]. Significa dizer que, de um lado, as leis devem ser suficientemente *densas*, com a atribuição de prerrogativas administrativas concretas e específicas para o cumprimento de fins igualmente concretos e específicos. De outro lado, as leis devem ser

---

[300] Todas as considerações formuladas neste tópico estão desenvolvidas na obra: VALIM, Rafael. *O princípio da segurança jurídica no Direito Administrativo brasileiro*. São Paulo: Malheiros, 2010.

[301] BANDEIRA DE MELLO, Celso Antônio. A estabilidade dos atos administrativos. *Revista Trimestral de Direito Público*, p. 80.

[302] MUÑOZ MACHADO, Santiago. *Tratado de Derecho Administrativo y Derecho Público general*, t. IV. Madri: Iustel, 2011, p. 797.

CAPÍTULO IV – A SUBVENÇÃO NO DIREITO ADMINISTRATIVO...

claras, inteligíveis, de molde que o interessado na subvenção possa orientar sua conduta segundo o conhecimento prévio de seus direitos e deveres perante a Administração Pública.

Agora sob a perspectiva da estabilidade, cumpre realçarmos os "danos à confiança", lamentavelmente frequentes na atividade de fomento[303]. Nomeadamente por meio dos *planos incitativos*, sobre os quais já discorremos[304], o Estado – nas palavras do Professor Almiro do Couto e Silva – "incentiva de forma tão nítida e positiva os indivíduos a um determinado comportamento, mediante promessas concretas de vantagens e benefícios, que a violação dessas promessas implica infringência ao princípio da boa-fé, cabendo ao Estado indenizar os danos decorrentes da confiança"[305].

Logo, ainda que o Estado suprima ou altere legitimamente uma política de subvenções, por força do subprincípio da confiança legítima cumpre-lhe o dever de indenizar os particulares que, fiados na orientação do Estado, realizaram investimentos e incorreram em despesas que, em virtude da mudança estatal, converteram-se em um prejuízo especial e anormal[306].

5.6 PRINCÍPIO DA PUBLICIDADE

Hodiernamente, é um truísmo a afirmação, tão bem expressada por Norberto Bobbio, de que o governo democrático é "o governo do

---

[303] Duas manifestações do princípio da segurança jurídica, sob a perspectiva da estabilidade, são examinadas mais adiante: o direito adquirido, no item 6.4.3.1 deste capítulo, e a eficácia *ex nunc* da invalidação de atos ampliativos, no item 6.4.3.2 deste capítulo.

[304] Ver item 2.1 da parte 2.

[305] Problemas jurídicos do planejamento. *Revista de Direito Administrativo*, p. 16.

[306] BANDEIRA DE MELLO, Celso Antônio. Responsabilidade do Estado por intervenção na esfera econômica. *Revista de Direito Público*, 64: 75-83; BANDEIRA DE MELLO, Celso Antônio. Responsabilidade do Estado – intervencionismo econômico – Administração concertada. *Revista de Direito Público*, 81: 109-116; DE BEYS, Julien; GORS, Benoit; THIEBAUT, Christophe. La procédure d'octroi des subventions. *In:* RENDERS, David (Coord.) *Les subventions*. Bruxelas: Larcier, 2011, p. 302; MENDONÇA, José Vicente de. *Direito Constitucional Econômico: a intervenção do Estado na economia à luz da razão pública e do pragmatismo*. Belo Horizonte: Fórum, 2014, p. 398.

RAFAEL VALIM

público em público"[307], ou seja, a concepção de que as funções estatais devem ser exercidas, em regra, à vista de todos, com absoluta transparência, enquanto às pessoas deve ser assegurada a inviolabilidade da vida privada[308].

A Constituição de 1988, talvez pelo pendor autoritário que marca historicamente o Estado brasileiro, proclamou, em três passagens de seu texto, o direito fundamental de acesso à informação pública (art. 5º, XXXIII, art. 37, § 3º, inc. II, e art. 216, § 2º), ao que se soma a explicitação do princípio da publicidade (art. 37). Portanto, resulta inegável que, *na ordem constitucional vigente, a regra sempre foi a publicidade e o sigilo, a exceção*, não representando qualquer novidade a "diretriz" veiculada no art. 3º, inc. I, da Lei n. 12.557/2011, redigida nos seguintes termos: "observância da publicidade como preceito geral e do sigilo como exceção".

A Lei de acesso à informação pública (Lei n. 12.557/2011), em seu art. 2º, faz referência explícita às subvenções e a diversos instrumentos que a veiculam no âmbito social:

> Art. 2º Aplicam-se as disposições desta Lei, no que couber, às entidades privadas sem fins lucrativos que recebam, para realização de ações de interesse público, recursos públicos diretamente do orçamento ou *mediante subvenções sociais, contrato de gestão, termo de parceria, convênios, acordo, ajustes ou outros instrumentos congêneres.*

A propósito deste dispositivo, duas considerações se mostram imprescindíveis.

Em primeiro lugar, é de reconhecer-se que os *ditames da Lei n. 12.557/2011 são aplicáveis a todas as subvenções, sejam elas sociais ou*

---

[307] BOBBIO, Norberto. *O futuro da democracia*, 6ª ed. Rio de Janeiro: Paz e Terra, 1997, p. 84.

[308] VALIM, Rafael. O direito fundamental de acesso à informação pública. *In:* VALIM, Rafael; MALHEIROS, Antonio Carlos; BACARIÇA, Josephina (*in memoriam*) (Coord.). *Acesso à informação pública.* Belo Horizonte: Fórum, 2014; VALIM, Rafael; SERRANO, Pedro. Lei de acesso à informação pública: um balanço inicial. *Le Monde Diplomatique Brasil*, ed. 62, ago. 2012.

CAPÍTULO IV – A SUBVENÇÃO NO DIREITO ADMINISTRATIVO...

econômicas[309]. No dispositivo legal em comento há, pois, indevida restrição do alcance dos deveres de acesso à informação aos destinatários das subvenções sociais, a reclamar uma interpretação em sintonia com a Constituição Federal.

A segunda observação está ligada à delimitação do *sujeito passivo* do direito fundamental de acesso à informação pública. Para o Professor Luis Eduardo Patrone Regules, as entidades do terceiro setor que recebem recursos públicos devem obediência *apenas aos deveres de transparência ativa*, sobretudo em virtude do art. 10, *caput*, da Lei n. 12.557/2011[310]. Parece-nos, porém, com o devido acatamento, que a partir de uma interpretação sistemática da Lei, obsequiosa à ordem constitucional, os sujeitos de direito privado que recebem recursos públicos devem também observar, ainda que com temperamentos, os *deveres de transparência passiva*[311].

---

[309] Note-se o art. 5º do Decreto Federal n. 7.724/2012: "Art. 5º. Sujeitam-se ao disposto neste Decreto os órgãos da administração direta, as autarquias, as fundações públicas, as empresas públicas, as sociedades de economia mista e as demais entidades controladas direta ou indiretamente pela União.

(...)

§ 2º Não se sujeitam ao disposto neste Decreto as informações relativas à atividade empresarial de pessoas físicas ou jurídicas de direito privado obtidas pelo Banco Central do Brasil, pelas agências reguladoras ou por outros órgãos ou entidades no exercício de atividade de controle, regulação e supervisão da atividade econômica cuja divulgação possa representar vantagem competitiva a outros agentes econômicos".

[310] Ele assim assevera: "Em síntese, a Lei n. 12.527/11 *não* prevê a obrigação de informar por parte das organizações do terceiro setor no tocante à transparência *passiva*. Dito em outras palavras, as informações relacionadas às organizações do terceiro setor *parceiras* devem ser obtidas junto à Administração Pública direta ou indireta (art. 1º, parágrafo único, I e II, Lei n. 12.527/11). A tramitação do pedido de acesso às informações públicas, regulado pelo art. 10 da Lei, reforça tal entendimento" (REGULES, Luis Eduardo Patrone. A Lei n. 12.527/2011 e as entidades do terceiro setor. *In:* VALIM, Rafael; MALHEIROS, Antonio Carlos; BACARIÇA, Josephina (*in memoriam*) (Coord.). *Acesso à informação pública*. Belo Horizonte: Fórum, 2014, p. 100).

[311] O jovem publicista João Paulo Pessoa sustenta o mesmo entendimento: "Apesar de o art. 10, *caput*, mencionar expressamente apenas os órgãos e entidades elencados no art. 1º da Lei no 12.527/2011, deve-se considerar também abarcados por esse dispositivo,

Agregue-se, afinal, o especial tratamento que a Lei n. 13.019/14 confere ao tema da transparência, impondo diversos deveres às organizações da sociedade civil que mantêm parcerias com o Poder Público, inclusive o de dar ampla divulgação "aos valores pagos a título de remuneração de sua equipe de trabalho vinculada à execução do termo de fomento ou de colaboração" (art. 47, § 4º).

5.7 PRINCÍPIO DA EFICIÊNCIA ADMINISTRATIVA

Descendente do princípio da boa administração[312], o *princípio da eficiência*, previsto no artigo 37, *caput*, da Constituição Federal e entendido nos confins do princípio da legalidade[313], reclama da Administração Pública e daqueles que lhe fazem as vezes ou simplesmente recebem recursos públicos, uma ação idônea, econômica e satisfatória[314]. Pressupõe, nessa medida, a racionalidade e otimização do uso dos meios (economicidade) e, ao mesmo tempo, a satisfatoriedade dos resultados a serem alcançados.

O princípio da eficiência coadjuva o princípio da proporcionalidade no combate aos excessos tanto da Administração Pública, no exercício da competência administrativa de outorga da subvenção, quanto das entidades subvencionadas, sobre as quais recai a exigência de realização

---

a partir de uma interpretação sistemática da lei, as entidades privadas sem fins lucrativos que receberem recursos públicos, nos termos do art. 2º da Lei" (PESSOA, João Paulo. O procedimento de acesso à informação pública previsto na Lei no 12.527/2011. *In:* VALIM, Rafael; MALHEIROS, Antonio Carlos; BACARIÇA, Josephina (*in memoriam*) (Coord.). *Acesso à informação pública.* Belo Horizonte: Fórum, 2014, p. 145).

[312] O Professor Juarez Freitas considera o direito fundamental à boa administração pública uma síntese de direitos subjetivos públicos (*Direito fundamental à boa administração pública*, 3ª ed. São Paulo: Malheiros, 2014, p. 21). Acerca deste tema, também merece leitura a obra do Professor Jaime Rodríguez-Arana Muñoz (*Direito fundamental à boa administração pública.* Belo Horizonte: Fórum, 2012).

[313] *Curso de Direito Administrativo*, 31ª ed. São Paulo: Malheiros, 2014, p. 125.

[314] MODESTO, Paulo. Notas para um debate sobre o princípio da eficiência. *Interesse Público*, Belo Horizonte, p. 107-121.

CAPÍTULO IV – A SUBVENÇÃO NO DIREITO ADMINISTRATIVO...

da atividade ou de obtenção dos resultados colimados com o mínimo emprego dos recursos disponíveis[315].

Ademais, sobre o *subvencionador* e os órgãos de controle, a teor do que dispõe o art. 70 da Constituição Federal, incide o dever de fiscalizar a aplicação das subvenções, o que importa a avaliação de sua economicidade e de seus resultados. O art. 2º da Lei n. 13.019/14, disciplinadora de subvenções no âmbito social, traz interesse disposição a este respeito:

> Art. 2º Para os fins desta Lei, considera-se:
>
> (...)
>
> XIV – prestação de contas: procedimento em que se analisa e se avalia a execução da parceria quanto aos aspectos de legalidade, legitimidade, *economicidade, eficiência e eficácia, pelo qual seja possível verificar o cumprimento do objeto da parceria e o alcance das metas e dos resultados previstos*, compreendendo 2 (duas) fases:" (grifo nosso)

É incontestável, portanto, a relevância do princípio da eficiência no controle da *concessão* e da *aplicação* das subvenções públicas.

5.8 PRINCÍPIO DA REPARTIÇÃO DE RISCOS

Tem-se, outrossim, o chamado princípio da repartição de riscos, que, como vimos, conforma o próprio conceito de subvenções e consiste na obrigatoriedade de o beneficiário das subvenções concorrer com recursos próprios para o desenvolvimento da atividade subvencionada[316].

O Professor Ramón Parada assim configura sobredito princípio: "Otro principio capital del régimen de la subvención es, o debería ser,

---

[315] GABARDO, Emerson. *O princípio constitucional da eficiência administrativa*. São Paulo: Dialética, 2002, p. 112.

[316] ZOCKUN, Carolina Zancaner. *Da intervenção do Estado no domínio social*. São Paulo: Malheiros, 2009, p. 199.

RAFAEL VALIM

el de riesgo compartido. Dicho principio impide considerar la subvención como pura donación que libere al beneficiário de todo riesgo o aportación de capital propio a la actividad subvencionada"[317].

Coube ao Professor Silvio Luís Ferreira da Rocha, meritoriamente, introduzir o princípio da repartição no Direito brasileiro[318]. À vista do conceito de fomento que adotamos[319], *o princípio da repartição de riscos só encontra aplicação naquelas transferências de bens e direitos destinadas ao estímulo de atividades de interesse público*, ou seja, relativamente à *parcela* da atividade de fomento que satisfaz *indiretamente* interesse públicos. Às demais transferências a título de fomento, voltadas à satisfação *direta* de interesse públicos, de que é exemplo o subsídio, não sofrem o influxo do princípio da repartição de riscos.

O art. 16 da Lei n. 4.320/64, ao usar a expressão "suplementação de recursos de origem privada", consagra o princípio da repartição de riscos[320]:

> Art. 16. Fundamentalmente e nos limites das possibilidades financeiras a concessão de subvenções sociais visará a prestação de serviços essenciais de assistência social, médica e educacional, *sempre que a suplementação de recursos de origem privada aplicados a êsses objetivos, revelar-se mais econômica* (grifo nosso).

Interessa também anotar o art. 60, § 3º, alíneas "c" e "d", do Decreto Federal n. 93.872/86, segundo os quais só podem receber subvenções sociais instituições que disponham de "patrimônio ou renda regular" e que, ao mesmo tempo, não apresentem "recursos próprios *suficientes* à manutenção ou ampliação de seus serviços". Pressupõe-se,

---

[317] PARADA, Ramón. *Derecho Administrativo*, vol. I, 15ª ed. Madri: Marcial Pons, 2004, p. 400.

[318] ROCHA, Silvio Luis Ferreira da. *Terceiro Setor*, 2ª ed. São Paulo: Malheiros, 2006, p. 33.

[319] Ver item 1 da parte 2.

[320] ROCHA, Silvio Luis Ferreira da. *Terceiro Setor*, 2ª ed. São Paulo: Malheiros, 2006, p. 33.

CAPÍTULO IV – A SUBVENÇÃO NO DIREITO ADMINISTRATIVO...

portanto, a afluência de recursos próprios do beneficiário da subvenção na execução da atividade fomentada.

Calha mencionar ainda a Lei n. 10.973/04, que dispõe sobre incentivos à inovação e à pesquisa científica e tecnológica no ambiente produtivo, em cujo art. 19 se impõe ao destinatário da subvenção econômica, de maneira irretorquível, a assunção de "contrapartida". Eis o texto legal:

> Art. 19. A União, as ICT e as agências de fomento promoverão e incentivarão o desenvolvimento de produtos e processos inovadores em empresas nacionais e nas entidades nacionais de direito privado sem fins lucrativos voltadas para atividades de pesquisa, mediante a concessão de recursos financeiros, humanos, materiais ou de infra-estrutura, a serem ajustados em convênios ou contratos específicos, destinados a apoiar atividades de pesquisa e desenvolvimento, para atender às prioridades da política industrial e tecnológica nacional.
>
> (...)
>
> § 3º A concessão da subvenção econômica prevista no § 1º deste artigo implica, obrigatoriamente, a assunção de contrapartida pela empresa beneficiária, na forma estabelecida nos instrumentos de ajuste específicos. (grifo nosso)

Induvidosamente, uma das mais relevantes consequências jurídicas do princípio da repartição de riscos é a obstaculização do lamentavelmente reiterado fenômeno da "terceirização" de atividades que, à luz da Constituição Federal, compete ao Estado exercer *diretamente*.

5.9 PRINCÍPIO DA LAICIDADE DO ESTADO

Outro princípio constitucional que informa *toda* a atividade de fomento e, em especial, a subvenção, é o da *laicidade do Estado*[321].

---

[321] MELO, Mônica de. O Estado laico e a defesa dos direitos fundamentais: democracia,

RAFAEL VALIM

Sabe-se que a República brasileira assegura a inviolabilidade da liberdade de consciência e de crença, com a correspondente proteção do livre exercício dos cultos religiosos, nos termos do art. 5º, inc. VI, da Constituição Federal[322]. Significa, pois, que o Estado não pode embaraçar o exercício deste direito fundamental[323] e, quando necessário, deve protegê-lo de ofensas de terceiros. Em outras palavras, o Estado brasileiro, perante as religiões, deve adotar uma postura de *neutralidade*[324], proscrevendo-se, nas palavras do Professor Ataliba Nogueira, o "regalismo e o padroado"[325].

Entretanto, como corolário da própria neutralidade a que acabamos de aludir, *jamais poderá o Estado fomentar as atividades de proselitismo dos cultos religiosos e das igrejas.* É o que estabelece, enfaticamente, o art. 19 da Constituição Federal:

> Art. 19. É vedado à União, aos Estados, ao Distrito Federal e aos Municípios:

---

liberdade de crença e consciência e o direito à vida. *In: Caderno de soluções constitucionais*, vol. 2. São Paulo: Malheiros, 2006, p. 287-295.

[322] Art. 5º Todos são iguais perante a lei, sem distinção de qualquer natureza, garantindo-se aos brasileiros e aos estrangeiros residentes no País a inviolabilidade do direito à vida, à liberdade, à igualdade, à segurança e à propriedade, nos termos seguintes: (...)
VI – é inviolável a liberdade de consciência e de crença, sendo assegurado o livre exercício dos cultos religiosos e garantida, na forma da lei, a proteção aos locais de culto e a suas liturgias;

[323] Ensina Pontes de Miranda: "'Embaraçar o exercício dos cultos religiosos significa vedar, ou dificultar, limitar ou restringir a prática, psíquica ou material, de atos religiosos ou manifestações de pensamento religioso" (*Comentários à Constituição de 1967: com a emenda n. 1 de 1969*, 3ª ed. Rio de Janeiro: Forense, 1987, p. 185).

[324] Assentou o Ministro Marco Aurélio: "O Brasil é uma república laica, surgindo absolutamente neutro quanto às religiões." (ADPF 54, rel. min. Marco Aurélio, julgamento em 12-4-2012, Plenário, *DJE* de 30-4-2013). Em igual sentido: GALDINO, Elza. *Estado sem Deus: a obrigação da laicidade na Constituição*. Belo Horizonte: Del Rey, 2006, p. 87.

[325] Subvenção a instituições religiosas e a Constituição Federal de 1946. *Revista da Faculdade de Direito da Universidade de São Paulo*, p. 165.

CAPÍTULO IV – A SUBVENÇÃO NO DIREITO ADMINISTRATIVO...

I – estabelecer cultos religiosos ou igrejas, *subvencioná-los*, embaraçar-lhes o funcionamento ou manter com eles ou seus representantes relações de dependência ou aliança, ressalvada, na forma da lei, a colaboração de interesse público (grifo nosso);

Sublinhe-se que o texto constitucional não interdita toda e qualquer subvenção às entidades confessionais. *O que se proíbe é o fomento e, em particular, a concessão de subvenções em prol de atividades de proselitismo religioso.* As atividades de relevante interesse público desempenhadas por estas entidades, à semelhança das demais associações sem fins lucrativos, podem fazer jus a subvenções sociais do Estado[326]. Conclui-se, assim, que o *critério* para concessão das subvenções neste caso *não é subjetivo*, senão que *objetivo*, concernente à natureza da atividade que se pretende subvencionar.

Um interessante exemplo do que estamos a tratar oferece-nos o Egrégio Tribunal de Justiça do Estado de São Paulo. Em recente julgamento, sob a relatoria do Desembargador Torres de Carvalho, decidiu corretamente a Corte Paulista que determinado Município não poderia subvencionar um evento denominado "Marcha para Jesus", visto que ele ostentava caráter eminentemente religioso, não se enquadrando "na concepção de colaboração por interesse público, que pressupõe o exercício de uma atividade considerada útil pelo Estado para alcançar um fim pretendido pela coletividade, sem relação com a crença religiosa preconizada pela instituição"[327].

---

[326] Interessante notar que a Constituição de 1967, com a emenda n. 1, de 1969, adotava a mesma redação da Constituição de 1988, porém acrescentava, em termos exemplificativos, alguns setores de atuação da entidade confessionais passíveis de subvencionamento. Rezava a Constituição: "Art 9º A União, aos Estados, ao Distrito Federal e aos Municípios é vedado: (...) II – estabelecer cultos religiosos ou igrejas; subvencioná-los; embaraçar-lhes o exercício; ou manter com eles ou seus representantes relações de dependência ou aliança, ressalvada a colaboração de Interesse público, *notadamente nos setores educacional, assistencial e hospitalar"* (grifo nosso).

[327] Apelação n. 0011832-03.2011.8.26.0533. 10ª Câmara de Direito Público. Data do julgamento: 02.09.2013.

5.10 PRINCÍPIO DA LIBERDADE DE ASSOCIAÇÃO

A Constituição Federal proclama, explícita e minuciosamente, o *princípio da liberdade de associação*[328], do qual defluem diversos direitos fundamentais cuja eficácia se estende, no ensinamento do Professor José Afonso da Silva, sobre as *associações em sentido estrito* (sem fins lucrativos) e as *sociedades* (com fins lucrativos)[329].

Entre os direitos fundamentais enfeixados no princípio da liberdade de associação, merecem destaque os direitos de organização interna da associação, de escolha do subtipo associativo adequado às suas finalidades perseguidas e o direito à personificação[330].

Ora, é defeso ao Estado, a pretexto de garantir o bom uso das subvenções pelos particulares, interferir no funcionamento das associações sem fins econômicos ou sociedades empresárias, de modo a amesquinhar o núcleo do direito fundamental à liberdade de associação. Não é demais

---

[328] Estatui a Carta Magna: "Art. 5º Todos são iguais perante a lei, sem distinção de qualquer natureza, garantindo-se aos brasileiros e aos estrangeiros residentes no País a inviolabilidade do direito à vida, à liberdade, à igualdade, à segurança e à propriedade, nos termos seguintes:

(...)

XVII – é plena a liberdade de associação para fins lícitos, vedada a de caráter paramilitar;

XVIII – a criação de associações e, na forma da lei, a de cooperativas independem de autorização, sendo vedada a interferência estatal em seu funcionamento;

XIX – as associações só poderão ser compulsoriamente dissolvidas ou ter suas atividades suspensas por decisão judicial, exigindo-se, no primeiro caso, o trânsito em julgado;

XX – ninguém poderá ser compelido a associar-se ou a permanecer associado;

XXI – as entidades associativas, quando expressamente autorizadas, têm legitimidade para representar seus filiados judicial ou extrajudicialmente".

[329] Eis o posicionamento do festejado professor: "A ausência de fim lucrativo não parece ser elemento da associação, pois parece-nos que o texto abrange também as sociedades lucrativas. Então, a liberdade de associação inclui tanto as *associações em sentido estrito* (em sentido técnico estrito, associações são coligações de fim não lucrativo) e as *sociedades* (coligações de fins lucrativos)" (*Curso de Direito Constitucional positivo*, 37ª ed. São Paulo: Malheiros, 2014, p. 269).

[330] O Professor Rodrigo Xavier Leonardo enquadra estes direitos na *dimensão institucional* da liberdade de associação (*Associações sem fins econômicos*. São Paulo: RT, 2014, p. 124).

CAPÍTULO IV – A SUBVENÇÃO NO DIREITO ADMINISTRATIVO...

recordar o mandamento do art. 5º, inc. XVIII, da Constituição Federal: "a criação de associações e, na forma da lei, a de cooperativas independem de autorização, sendo vedada a interferência estatal em seu funcionamento".

O Conselho de Estado Belga, em sua função consultiva, formulou uma preciosa síntese da questão, cuja transcrição literal se impõe:

> En soi, rien ne s'oppose à ce qu'une autorité publique confie une mission d'intérêt général à des associations constituées sous une forme de droit privé et à ce que, à cette occasion, elle prenne, sous le couvert de conditions d'agrément et d'octroi de subventions, des dispositions lui permettant de s'assurer que les missions d'intérêt général qu'elle leur confie. Toutefois, il ne peut être admis, au regard du principe de la liberte d'association, que l'autorité publique en vienne à fixer des règles affectant profondément l'existence, l'organisation et le fonctionnement d'associations de droit privé ou à imposer aux activités de ces associations des contraintes telles que celles-ci, parce qu'elles n'auraient d'autre choix que de devenir de simples exécutants de la politique décidée par l'autorité, seraient dénaturées dans leur essence même[331].

Em suma, cumpre ao Poder Público conciliar o dever de fiscalização das subvenções com o direito fundamental de associação de que são titulares as associações sem fins econômicos e as sociedades empresárias.[332]

6 ANÁLISE DA RELAÇÃO SUBVENCIONAL

É chegado o momento de apreciar, *analiticamente*, a relação jurídico-administrativa subvencional, desvendando, com a devida detença, os elementos que a integram.

---

[331] DE ROY, David. L'incidence de l'octroi d'une subvention sur le bénéficiaire: les effets "secondaires". *In:* RENDERS, David (Coord.) *Les subventions.* Bruxelas: Larcier, 2011, p. 477 e 478.

[332] STORTO, Paula Racanello. A incidência do Direito Público sobre as organizações da sociedade civil sem fins lucrativos. *In:* ZANELLA DI PIETRO, Maria Sylvia (Coord.). *Direito privado administrativo.* São Paulo: Atlas, 2013, p. 369.

RAFAEL VALIM

6.1 COMPETÊNCIA ADMINISTRATIVA

Principiemos pela investigação do nascedouro das subvenções, ou seja, pela competência administrativa, delineada em lei, de cujo exercício resulta a norma jurídica individual portadora da relação jurídica subvencional.

De imediato, cumpre fulminarmos um preconceito amplamente disseminado que tolda, por inteiro, o exame da competência subvencionadora. Trata-se da equivocada ideia de que as subvenções seriam, aprioristicamente, "discricionárias"[333]. A propósito, Louis Rolland chegou a afirmar que "le principe de la liberté de subvention est un principe certain de notre droit public"[334].

Deveras, perguntar se a subvenção é "vinculada" ou "discricionária" é instalar uma falsa questão, relevadora, ademais, de um desconhecimento da fenomenologia da função administrativa. É a lei que determina a compostura da competência administrativa e, por consequência, a existência de vinculação ou discricionariedade[335]. Em outras palavras, não é um dado *a priori*, senão que construído pelo direito positivo[336]. Além disso, *a discrionariedade e a vinculação, em regra, coabitam a competência administrativa*, de modo que o agente público, diante do caso concreto, terá aspectos da competência vinculados, sem que neles possa interferir, a par de aspectos discricionários, os quais comportam uma apreciação subjetiva para melhor atendimento das finalidades públicas[337].

---

[333] MELLO, Célia Cunha. *O fomento da administração pública*. Belo Horizonte: Del Rey, 2003, p. 104 e ss.

[334] *Cours de Droit Administratif*, D.E.S 1937/1938, p. 384.

[335] PARADA, Ramón. *Derecho Administrativo*, vol. I, 15ª ed. Madri: Marcial Pons, 2004, p. 393.

[336] DE LA CUETARA, Juan Miguel. *La actividad de la Administración*. Madri: Tecnos, 1983, p. 314.

[337] Ensina Charles Eisenmann: "(...) il fallait commencer par raisonner sur les deux cas extremes, ou plutôt entre eux, il y a une troisième possibilité, et c'est celle qui en fait se recontre beaucoup le plus fréquemment: c'est celle de pouvoirs ou d'actes qui sont en partie discrétionnaires, en partie lies" (*Cours de Droit Administratif*, t. II.Paris: LGDJ,

CAPÍTULO IV – A SUBVENÇÃO NO DIREITO ADMINISTRATIVO...

Idêntica ilação costuma ser formulada a respeito do poder de polícia, contra a qual o Professor Celso Antônio Bandeira de Mello, em lição integralmente aplicável às subvenções, apostila:

> Em rigor, no Estado de Direito *inexiste* um poder, propriamente dito, discricionário fruível pela Administração Pública. Há, isto sim, atos em que a Administração Pública pode manifestar competência discricionária e atos a respeito dos quais a atuação administrativa é totalmente vinculada. Poder discricionário abrangendo toda uma classe ou ramo de atuação administrativa é coisa que não existe[338].

A discussão de que ora nos ocupamos nada tem de supérflua. Bem ao contrário, dela defluem relevantes consequências jurídicas, haja vista que a ocorrência de vinculação ou discricionariedade determina a *posição jurídica do administrado e a extensão do controle jurisdicional.*

À luz da bimembridade constitutiva das normas jurídicas, sabe-se que a discricionariedade pode residir na *hipótese normativa,* nos casos em que o legislador se vale de conceitos jurídicos indeterminados ou simplesmente não descreve o suporte fático, e no *consequente normativo,* ao atribuir-se ao agente público a *faculdade* de produzir o ato administrativo; ao autorizar-se ao agente que eleja o *momento oportuno* para a prática do ato administrativo; ao deferir-se ao agente a possibilidade de escolher a *forma jurídica* de que se revestirá o ato administrativo; por fim, ao permitir-se ao agente que determine o *conteúdo* do ato administrativo considerado idôneo a satisfazer a finalidade legal[339].

Tendo em conta este quadro das modalidades de discricionariedade, é de reconhecer-se que nas situações em que, abstrata ou concretamente,

---

1983, p. 293). No mesmo sentido: GORDILLO, Agustín. *Tratado de Derecho Administrativo,* t. 1, 7ª ed. Belo Horizonte: Del Rey, 2003, p. X-19 e ss.

[338] *Curso de Direito Administrativo,* 31ª ed. São Paulo: Malheiros, 2014, p. 854.

[339] BANDEIRA DE MELLO, Celso Antônio. *Discricionariedade e controle jurisdicional,* 2ª ed. São Paulo: Malheiros, 2003, p. 19; VALIM, Rafael. *O princípio da segurança jurídica no Direito Administrativo brasileiro.* São Paulo: Malheiros, 2010, p. 70.

houver vinculação no tocante à hipótese normativa, à oportunidade e ao conteúdo do ato, há direito subjetivo do particular à subvenção. Neste sentido, afirma Giuseppe Pericu: "In questo caso, infatti, il rapporto obbligatorio nascerebbe diretamente dalla legge e non dall'atto di erogazione, sicchè, al limite, si renderebbe inutile distinguere tra i due diversi momenti"[340]. Daí resulta que a Administração Pública apenas reconheceria o direito do beneficiário (= ato declaratório)[341] e, caso assim não o fizesse, o Judiciário, mediante provocação, poderia outorgar diretamente a subvenção ao particular.

Diversamente, se a competência administrativa ostentar vinculação apenas *na hipótese normativa e, no consequente normativo, sob o aspecto do momento da prática do ato subvencional,* o Poder Judiciário poderá igualmente se pronunciar, porém em termos mais angustos, pois não lhe compete delimitar o *conteúdo* da subvenção. Dessarte, em vez de *conceder diretamente a subvenção, deverá o órgão jurisdicional determinar ao ente subvencionador que a outorgue ao beneficiário.*

Para encerrar estes breves comentários acerca da competência para conceder subvenções, não podemos deixar de registrar que a ideia equivocada de que as subvenções seriam "discricionárias" – reforçada pela interpretação, também equivocada, de que o fomento seria manifestação do "princípio da subsidiariedade" e, por essa razão, constituiria uma atuação episódica e excepcional do Estado, destinada a somente prover insuficiências do mercado – *conduz à corriqueira e igualmente censurável erronia de imaginar que a Administração Pública poderia revogar ou reduzir a qualquer tempo as vantagens concedidas aos particulares*[342].

Não bastasse o quanto averbamos acerca dos apectos vinculados da competência subvencional e a inexistência de relação necessária entre

---

[340] PERICU, Giuseppe. *Le sovvenzioni come strumento di azione amministrativa*, v. II. Milão: Giuffrè, 1971, p. 146.

[341] DE BEYS, Julien; GORS, Benoit; THIEBAUT, Christophe. La procédure d'octroi des subventions. *In:* RENDERS, David (Coord.) *Les subventions.* Bruxelas: Larcier, 2011, p. 282.

[342] MELLO, Célia Cunha. *O fomento da administração pública.* Belo Horizonte: Del Rey, 2003, p. 105.

CAPÍTULO IV – A SUBVENÇÃO NO DIREITO ADMINISTRATIVO...

precariedade e discionariedade[343], a ideologia constitucional, que eleva o fomento a valioso instrumento do Estado Social de Direito brasileiro para consecução de suas finalidades, e, sobretudo, o princípio da segurança jurídica, repugnam, a todas as luzes, esta conatural instabilidade que alguns pretendem atribuir às subvenções[344].

6.2 ATO ADMINISTRATIVO OU CONTRATO ADMINISTRATIVO?

Outro preconceito que pesa sobre as subvenções diz respeito à sua suposta natureza *unilateral*[345].

Como é de geral sabença, a unilateralidade e bilateralidade podem aludir à *formação* da norma jurídica – em que a unilateralidade significa que a introdução da norma jurídica no sistema depende da declaração de apenas um sujeito de direito, ao passo que a bilateralidade implica a concorrência da declaração de mais de um sujeito de direito para veiculação de uma norma jurídica – ou ao *conteúdo* da norma jurídica – em que a unilateralidade traduz a criação de posições jurídicas ativas e passivas para apenas um sujeito de direito, enquanto a bilateralidade representa a constituição de posições jurídicas ativas e passivas para mais de um sujeito de direito.

A doutrina nacional é unânime em afirmar a unilateralidade na formação da subvenção, ou seja, ela sempre derivaria de um ato administrativo em sentido estrito[346]. Com o devido respeito, entretanto, *afigura-se-nos que*

---

[343] Assim sustentam os Professores Carlos Grecco e Guillermo Muñoz: "Discrecionalidad, precariedad, libertad de revocación, inexistencia de reparación, no son conceptos enlazables en una inferencia lógico-jurídica ni denotan una inevitable sucesión de imágenes. La discrecionalidad en el otorgamiento del derecho no implica forzosamente precariedad" (Guillermo A. *La precariedad en los permisos, autorizaciones, licencias y concessiones.* Buenos Aires: Depalma, 1992, p. 47 e ss).

[344] Ver item 6.4.3.1 deste capítulo.

[345] DE BEYS, Julien; GORS, Benoit; THIEBAUT, Christophe. La procédure d'octroi des subventions. *In:* RENDERS, David (Coord.) *Les subventions.* Bruxelas: Larcier, 2011, p. 275.

[346] OLIVEIRA, José Roberto Pimenta. *Os princípios da razoabilidade e da proporcionalidade*

RAFAEL VALIM

tal juízo teórico não corresponde à complexa realidade jurídico-positiva brasileira, em cujo seio são outorgadas subvenções unilateral e bilateralmente[347].

Talvez concorra para este entendimento da doutrina a falsa premissa de que as subvenções constituiriam somente um dos instrumentos jurídicos da atividade de fomento, *ao lado* dos convênios (Lei n. 8.666/93), dos contratos de gestão (Lei n. 9.637/98), dos termos de parceria (Lei n. 9.790/99), dos termos de colaboração e termos de fomento (Lei n. 13.019/14) e quejandos. Em verdade, porém, estes "módulos convencionais de cooperação"[348], quando envolvem o trespasse de dinheiro público, dão nascimento, *bilateralmente*, a relações jurídico-administrativas subvencionais.

Trata-se de conclusão sumamente importante porquanto, ao reconhecer-se a subvenção nos diversos módulos convencionais, sejam eles de cooperação ou de concessão, incorpora-se a estas relações jurídicas o regime jurídico regente das relações subvencionais.

Observe-se, igualmente, que a crescente complexificação, nos domínios social e econômico, dos veículos da ação de fomento[349], sobre totalmente desnecessária, prodigaliza insegurança jurídica e oferece um campo propício ao cometimento de atentados ao princípio da isonomia.

6.3 PROCEDIMENTO ADMINISTRATIVO

A profusa legislação brasileira em matéria de fomento dá margem à coexistência de inúmeros procedimentos administrativos destinados à

---

no Direito Administrativo brasileiro. São Paulo: Malheiros, 2006, p. 536; MELLO, Célia Cunha. *O fomento da administração pública*. Belo Horizonte: Del Rey, 2003, p. 102.

[347] SANTAMARÍA PASTOR, Juan Alfonso. *Princípios de Derecho Administrativo general*, vol. II, 2ª ed. Madri: Iustel, 2009, p. 367.

[348] Esta feliz expressão pertence ao Professor Fernando Dias Menezes de Almeida (*Contrato administrativo*. São Paulo: Quartier Latin, 2012, p. 240 e ss).

[349] MENEZES DE ALMEIDA, Fernando Dias. *Contrato administrativo*. São Paulo: Quartier Latin, 2012, p. 241.

CAPÍTULO IV – A SUBVENÇÃO NO DIREITO ADMINISTRATIVO...

concessão de subvenções. Não nos interessa, naturalmente, a investigação dos pormenores destes procedimentos administrativos específicos, senão que salientar os *parâmetros mínimos e indispensáveis* a serem seguidos pela Administração Pública na concessão de subvenções, em atenção ao resguardo dos direitos dos administrados.

Encareça-se que a processualidade jurídico-administrativa[350], de tardio reconhecimento no Brasil[351], ao ensejar o exercício *dialógico* da função administrativa, salvaguarda a esfera jurídica dos particulares e, ao mesmo tempo, contribui para uma atuação administrativa mais clarividente[352].

Toda e qualquer subvenção deve resultar de um procedimento administrativo. Consoante já dissemos[353], o acesso igualitário às subvenções é garantido por meio da instauração de *credenciamento*, nos casos em que for possível contemplar todos os interessados, ou mediante *procedimento concorrencial*, nos casos em que, em virtude da escassez de recursos públicos, resultar impossível o atendimento de todos os interessados[354]. Apenas *excepcionalmente* estará a Administração Pública autorizada a conceder a subvenção diretamente, sem prévio processo administrativo competitivo, o que não implica, contudo, a desnecessidade de instauração de procedimento administrativo. É exatamente neste caso excepcional que avulta a importância do procedimento administrativo, a fim de que

---

[350] MEDAUAR, Odete. *A processualidade no Direito Administrativo*, 2ª ed. São Paulo: RT, 2008; PORTA, Marcos. *Processo administrativo e o devido processo legal*. São Paulo: Quartier Latin, 2003, pp. 48 e ss.

[351] Sobre a evolução do tema no Direito brasileiro: SUNDFELD, Carlos Ari. Processo e procedimento administrativo no Brasil. *In:* SUNDFELD, Carlos Ari; MUÑOZ, Guillermo Andrés (Coord.). *As leis de processo administrativo: Lei Federal 9.784/99 e Lei Paulista 10.177/98*. São Paulo: Malheiros, 2006.

[352] *Curso de Direito Administrativo*, 31ª ed. São Paulo: Malheiros, 2014, p. 505; FERRAZ, Sérgio; DALLARI, Adilson Abreu. *Processo administrativo*, 3ª ed. São Paulo: Malheiros, 2012, p. 31.

[353] Ver item 5.2 deste capítulo.

[354] Há alguns lustros, Carlos Ari Sundfeld, em estudo pioneiro, afirmou que todo benefício estatal exige, como regra, um processo competitivo (*Procedimentos administrativos de competição. Revista de Direito Público*, p. 114 e ss).

RAFAEL VALIM

sejam trazidas à luz as razões de fato e de direito que conduziram o agente público a beneficiar um *específico* sujeito de direito[355].

Frise-se, outrossim, que a processualidade administrativa não permeia tão somente a criação da subvenção. Também o *acompanhamento* de sua execução e sua eventual *extinção* prematura devem ser levados a cabo no interior de um procedimento administrativo.

Entretanto, cabe assentir que a consagração do processo é condição necessária, porém insuficiente para a proteção dos direitos subjetivos dos cidadãos. Como anota acertadamente a Ministra Cármen Lúcia Antunes Rocha, também o autoritarismo pode servir-se do processo[356]. Eis por que o processo administrativo, para cumprir a finalidade em vista da qual foi concebido, *deve atender aos subprincípios enfeixados no princípio do devido processo legal[357], bem como às garantias mínimas previstas na Lei n. 9.784/99, de aplicação subsidiária a todos os processos administrativos[358] e cuja eficácia se espraia por todos os entes da Federação, mercê de seu caráter de norma geral[359].*

---

[355] Interessante paralelo pode ser estabelecido com a Lei n. 8.666/93, em cujo art. 26, parágrafo único, dispõe-se sobre o processo administrativo da contratação direta, seja por dispensa ou por inexigibilidade de licitação.

[356] Princípios constitucionais do processo administrativo no Direito brasileiro, *Revista Trimestral de Direito Público*, pp. 6-8.

[357] O Professor Celso Antônio Bandeira de Mello arrola os seguintes subprincípios: "princípio da audiência do interessado; princípio da acessibilidade aos elementos do expediente; princípio da ampla instrução probatória; princípio da motivação; princípio da revisibilidade; princípio da representação e assessoramento; princípio da lealdade e boa-fé; princípio da verdade material; princípio da celeridade processual; princípio da oficialidade; princípio da gratuidade; princípio do informalismo. Advirta-se, contudo, que os princípios da oficialidade e da gratuidade não se aplicam necessariamente aos processos ampliativos de direitos, ao passo que o princípio do informalismo não incide sobre os procedimentos concorrenciais" (*Curso de Direito Administrativo*, 31ª ed. São Paulo: Malheiros, 2014, p. 509 e 510).

[358] Preceitua a Lei n. 9.784/99: "Art. 69. Os processos administrativos específicos continuarão a reger-se por lei própria, aplicando-se-lhes apenas subsidiariamente os preceitos desta Lei".

[359] VALIM, Rafael. Normas gerais. Sentido e alcance. Ouvidorias. *Revista Trimestral de Direito Público*, pp. 207 e 208; BANDEIRA DE MELLO, Celso Antônio. O conceito

CAPÍTULO IV – A SUBVENÇÃO NO DIREITO ADMINISTRATIVO...

No que atina ao processo competitivo de acesso à subvenção, é de rigor ainda destacar a necessidade de fixação de *critérios objetivos* de seleção das propostas dos interessados, de modo a evitar simulacros de competição, e a comezinha noção de *vinculação da Administração Pública ao instrumento convocatório*. Embora, à primeira vista, possam parecer obviedades, na prática tais exigências são solenemente desrespeitadas.

Derradeiramente, à luz das classificações dos procedimentos administrativos conclui-se que os procedimentos de outorga de subvenções são ampliativos, de natureza concorrencial ou simples, podendo ser deflagrados por iniciativa do particular ou por iniciativa da Administração Pública.

6.4 ESTRUTURA DA RELAÇÃO JURÍDICA

Dissequemos agora a relação jurídica subvencional, de sorte a revelar os seus elementos compositivos, quais sejam: *sujeito ativo, sujeito passivo, conteúdo e objeto*.

6.4.1 Sujeito ativo

O sujeito de direito a que a ordem jurídica imputa a competência para outorgar a subvenção damos o nome de *sujeito ativo da relação subvencional*.

---

de normas gerais no Direito Constitucional brasileiro. *Interesse público – IP*, n. 66, mar./abr. 2011. Compartilha o nosso ponto de vista: ZANELLA DI PIETRO, Maria Sylvia. A lei de processo administrativo: sua ideia matriz e âmbito de aplicação. *In*: NOHARA, Irene; MORAES FILHO, Marco Antonio (Coord.). Praxedes de. *Processo administrativo: temas polêmicos da Lei n. 9.784/99*. São Paulo: Atlas, 2011, p. 190. Em sentido contrário: PETIAN, Angélica. *O regime jurídico dos processos ampliativos e restritivos de direitos*. São Paulo: Malheiros, 2010, p. 151; TEIXEIRA FERREIRA, Luiz Tarcísio. Princípios do processo administrativo e a importância do processo administrativo no Estado de Direito. *In*: FIGUEIREDO, Lúcia Valle (Coord.). *Comentários à lei federal de processo administrativo*: Lei n. 9.784/99. Belo Horizonte: Fórum, 2004.

RAFAEL VALIM

No Direito brasileiro, podem figurar no polo ativo da relação subvencional as entidades federativas (União, Estados, Municípios e Distrito Federal) ou as pessoas por elas criadas, às quais se atribui competência para exercer a atividade de fomento. As "agências de fomento", explicitamente referidas no art. 218, § 4º, da Constituição Federal[360], constituem eloquente exemplo de exercício descentralizado da atividade de fomento.

É curial notar que o ente da federação, para a *válida* outorga de subvenções, deve ostentar *competência material* para tanto[361]. É dizer, a atividade de interesse público a ser subvencionada deve estar encerrada na área de atuação do titular da competência, nos termos previstos na Constituição Federal[362].

Advirta-se também que, em alguns casos, sujeitos de direito privado participam do procedimento de concessão de subvenções, porém como *meros gestores de recursos públicos*[363]. Eles apenas coadjuvam o ente público, *instrumental e materialmente*[364], na outorga da subvenção, sem que lhe pertença a titularidade da relação jurídico-administrativa.

6.4.2 Sujeito passivo

Já assentamos em mais de uma passagem deste trabalho que as subvenções, sob a perspectiva do Direito Administrativo, só pode ser

---

[360] Art. 218. O Estado promoverá e incentivará o desenvolvimento científico, a pesquisa e a capacitação tecnológicas.

(...)

§ 5º – É facultado aos Estados e ao Distrito Federal vincular parcela de sua receita orçamentária a entidades públicas de fomento ao ensino e à pesquisa científica e tecnológica.

[361] MENEZES DE ALMEIDA, Fernanda Dias. *Competências na Constituição de 1988*, 6ª ed. São Paulo: Atlas, 2013, p. 67.

[362] Em matéria de fomento, porém, a maioria das competências são *comuns*, exercitáveis, portanto, por todos os entes da federação.

[363] DE LA RIVA, Ignácio M. *Ayudas públicas: incidência de la intervención estatal en el funcionamento del mercado*. Buenos Aires: Hammurabi, 2004, p. 146-149.

[364] AYMERICH CANO, Carlos I. *Ayudas públicas y Estado Autonómico*. La Coruña: Universidade da Coruña, 1994, p. 165 e 166.

CAPÍTULO IV – A SUBVENÇÃO NO DIREITO ADMINISTRATIVO...

irrogada em favor de sujeitos de direito privado[365]. Logo, *podem ser sujeito passivo das subvenções pessoas de direito privado, físicas ou jurídicas, com ou sem fins lucrativos.*

Isto não quer dizer, por óbvio, que a Administração Pública possa transferir recursos públicos a qualquer pessoa de direito privado, indiscriminadamente. O *princípio da indisponibilidade do interesse público impõe que, para receber subvenções, avalie-se minuciosamente a aptidão do interessado, sob os aspectos jurídico, fiscal, técnico e econômico-financeiro*[366].

A entrega de dinheiro público sem a observância desta mínima cautela configuraria temeridade de todo incompatível com o exercício republicano da função administrativa, a ensejar a responsabilização do agente público faltoso. A Professora Maria Sylvia Zanella Di Pietro referenda esta conclusão nos seguintes termos: "Se para celebrar um contrato de fornecimento de bens ou de prestação de serviços ou de obra pública se exige a habilitação prévia do licitante, não tem sentido que todo um patrimônio público seja posto em mãos de entidade privada, sem qualquer exigência nesse sentido"[367].

A própria Constituição Federal estabelece um requisito para a percepção de subvenções, consistente na inexistência de débitos perante o sistema de seguridade social[368]. Eis o mandamento constitucional:

> Art. 195. A seguridade social será financiada por toda a sociedade, de forma direta e indireta, nos termos da lei, mediante recursos provenientes dos orçamentos da União, dos Estados, do

---

[365] Ver item 2 deste capítulo.

[366] BANDEIRA DE MELLO, Celso Antônio. *Curso de Direito Administrativo*, 31ª ed. São Paulo: Malheiros, 2014, p. 244.

[367] *Parcerias na Administração Pública: concessão, permissão, franquia, terceirização, parceria público-privada e outras formas*, 8ª ed. São Paulo: Atlas, 2011, p. 270.

[368] Recorde-se que, entre as sanções previstas no art. 12 da Lei de Improbidade Administrativa, consta a "proibição de contratar com o Poder Público ou receber benefícios ou incentivos fiscais ou creditícios, direta ou indiretamente, ainda que por intermédio de pessoa jurídica da qual seja sócio majoritário".

RAFAEL VALIM

Distrito Federal e dos Municípios, e das seguintes contribuições sociais:

(...)

§ 3º – A pessoa jurídica em débito com o sistema da seguridade social, como estabelecido em lei, não poderá contratar com o Poder Público nem dele receber *benefícios* ou incentivos fiscais ou creditícios". (grifo nosso)

Também a Lei n. 4.320/64 estatui pressupostos subjetivos para o recebimento de subvenções, como podemos verificar em seu art. 17, redigido nos seguintes termos: "Somente à instituição cujas condições de funcionamento forem julgadas satisfatórias pelos órgãos oficiais de fiscalização serão concedidas subvenções".

6.4.2.1 Concessionário de serviço público ou parceiro privado

Por ocasião de nossas reflexões de Direito Comparado, foi possível observar que há na doutrina enorme discussão acerca do cabimento de subvenções em favor de concessionários de serviços públicos[369]. Para alguns estudiosos, eventuais recursos públicos trespassados aos concessionários sempre consistiram em pagamentos pela prestação do serviço público[370], ao passo que, para outros, poderiam ser caracterizados como subvenções econômicas, a depender das circunstâncias[371].

No Brasil, sem embargo da vetustez do tema, que remonta ao século XIX[372], permanece viva a controvérsia doutrinária, ainda que em

---

[369] Ver os itens 5 e 6 da parte 3.

[370] CRIADO, David Blanquer. *La concesión de servicio público.* Valencia: Tirant lo Blanch, 2012, pp. 1151-1155.

[371] Sustenta o Professor Francis-Paul Bénoit: "Lorsqu'un tel déficit se prolonge, le concédant, soit de son plein gré, soit par le jeu de la jurisprudance sur l'imprevision, est conduit à accorder des subventions de fonctionnement au concessionaire. Ainsi s'établit une sorte d'association financière entre le concédante et le concessionaire, qui ce traduit pour l'Administration par une participation aux pertes" (*Le Droit Administratif Français*. Paris: Dalloz, 1968, p. 822).

[372] Vale mencionar, no plano normativo, o Decreto n. 2.450, de 24 de setembro de

136

CAPÍTULO IV – A SUBVENÇÃO NO DIREITO ADMINISTRATIVO...

termos muito superficiais, sobre a outorga de subvenções no bojo de *concessões comuns de serviços* e de *parcerias público-privadas*[373].

Parece-nos que nada obsta, aprioristicamente, a previsão de subvenções em prol de concessionários de serviços públicos e parceiros privados. Trata-se de sujeitos privados que exercem atividades, por definição, essenciais à comunidade[374]. Além disso, como assinala com admirável clareza o Professor Julio Nieves Borrego, "(...) la coexistencia de la subvención con otra institución dentro de un mismo pacto no supone perdida para aquélla de su naturaleza, sino convención de doble tipo o híbrida, al que serán aplicables normas propias de cada una de las figuras jurídicas conexionadas".[375]

Por outro lado, tanto a Lei Geral de Concessões Comuns de Serviços Públicos (Lei n. 8.987/95) como a Lei Geral de Parcerias Público-Privadas (Lei n. 11.079/04), além de leis setoriais, entre as quais merecem ser citadas a Lei n. 11.445/07[376], que estabelece diretrizes nacionais para os serviços públicos de saneamento básico, e a Lei

---

1873, que concedia "(...) subvenção kilometrica ou garantia de juros às Companhias que construirem estradas de ferro, na conformidade da Lei n. 611 de 26 de Junho de 1852", e, no plano doutrinário, a obra de André Rebouças (*Garantia de juros: estudos para sua aplicação às emprezas de utilidade pública no Brazil*. Rio de Janeiro: Tipographia Nacional, 1874).

[373] Como se sabe, na ordem jurídica brasileira estão plasmados três modelos concessórios, cada qual com o seu regime jurídico: (i) a concessão comum, regida pela Lei n. 8.897/1995; (ii) a parceria público-privada na modalidade *patrocinada* (concessão patrocinada), regulada pela Lei 11.079/2004; e (iii) a parceria público-privada na modalidade *administrativa* (concessão administrativa), também disciplinada pela Lei 11.079/2004.

[374] CINTRA DO AMARAL, Antônio Carlos. *Concessão de serviços públicos: novas tendências*. São Paulo: Quartier Latin, 2012, pp. 34 e 35.

[375] NIEVES BORREGO, Julio. Estudio sistemático y consideración jurídico-administrativa de la subvención, *Revista de Administración Pública*, p. 61.

[376] Art. 31. Os subsídios necessários ao atendimento de usuários e localidades de baixa renda serão, dependendo das características dos beneficiários e da origem dos recursos:

I – diretos, quando destinados a usuários determinados, ou indiretos, quando destinados ao prestador dos serviços;

II – tarifários, quando integrarem a estrutura tarifária, ou fiscais, quando decorrerem da alocação de recursos orçamentários, inclusive por meio de *subvenções*; (grifo nosso)

n. 12.587/12[377], que institui diretrizes da Política Nacional de Mobilidade Urbana[378], estipulam, *explicitamente*, a possibilidade de outorga de subvenções em favor de concessionários de serviços públicos e de parceiros privados.

Na Lei n. 8.987/95, mesmo que sob o rótulo "subsídio", a competência subvencional do poder concedente se extrai a *contrario sensu*[379] de seu art. 17, cuja dicção reclama transcrição literal:

> Art. 17. Considerar-se-á desclassificada a proposta que, para sua viabilização, necessite de vantagens ou *subsídios* que não estejam previamente autorizados em lei e à disposição de todos os concorrentes.

Já na Lei n. 11.079/04 a questão se põe mais complexa. Apesar de inúmeras vozes contrárias[380], pensamos que a chamada "contraprestação

---

[377] Art. 9º O regime econômico e financeiro da concessão e o da permissão do serviço de transporte público coletivo serão estabelecidos no respectivo edital de licitação, sendo a tarifa de remuneração da prestação de serviço de transporte público coletivo resultante do processo licitatório da outorga do poder público.

(...)

§ 5º Caso o poder público opte pela adoção de subsídio tarifário, o deficit originado deverá ser coberto por receitas extratarifárias, receitas alternativas, *subsídios orçamentários*, subsídios cruzados intrassetoriais e intersetoriais provenientes de outras categorias de beneficiários dos serviços de transporte, dentre outras fontes, instituídos pelo poder público delegante. (grifo nosso)

[378] O Professor Celso Antônio Bandeira de Mello, em recentíssimo parecer, admitiu o uso de "subsídios" em uma concessão de transporte coletivo de passageiros (Admissibilidade de aplicação de subsídio tarifário para recomposição de equilíbrio econômico-financeiro de contrato de concessão ou permissão de transporte coletivo de passageiros: inaplicabilidade da Lei de Mobilidade Urbana a contratos de concessão ou permissão celebrados antes do início de sua vigência. *Revista Brasileira de Infraestrutura – RBINF*, 6: 197-204).

[379] BATISTA, Joana Paula. *Remuneração dos serviços públicos*. São Paulo: Malheiros, 2005, p. 89. HARB, Karina Houat. *A revisão na concessão de serviço público*. São Paulo: Malheiros, 2012, p. 83-86.

[380] SCHWIND, Rafael Wallbach. Contraprestação pública nos contratos de PPP: natureza jurídica, momento de disponibilização e a figura do aporte de recursos.

CAPÍTULO IV – A SUBVENÇÃO NO DIREITO ADMINISTRATIVO...

pública", que integra a própria definição da concessão patrocinada (art. 2º, § 1º e art. 6º), nada mais é que uma subvenção econômica[381]. Conquanto a expressão queira nos atraiçoar, a "contraprestação pública" se destina a viabilizar economicamente a concessão e não a retribuir a prestação de um serviço diretamente ao Estado[382]. Cuida-se de auxílio àquele que se incumbirá da prestação do serviço público, não se revestindo, destarte, de natureza contraprestacional.

A subvenção está presente, portanto, na concessão patrocinada e na chamada "concessão subsidiada" da Lei n. 8.987/95, as quais convivem no sistema jurídico e são dotadas de regimes jurídicos próprios[383].

Revista de Contratos Públicos – *RCP*, Belo Horizonte, ano 3, n. 3, mar./ago. 2013; GUIMARÃES, Fernando Vernalha. Parceria Público-Privada, 2ª ed. São Paulo: Saraiva, 2013, p. 94-101; RIBEIRO, Mauricio Portugal; PRADO, Lucas Navarro. *Comentários à lei de PPP – Parceria Público-Privada: fundamentos econômicos-jurídicos*. São Paulo: Malheiros, 2010, pp. 65-67.

[381] VALIM, Rafael. Notas sobre o financiamento e a remuneração de concessões comuns e de parcerias público-privadas. *Revista Brasileira de Infraestrutura – RBINF*, 1:121-134; FREITAS, Juarez. PPPs: natureza jurídica. *In*: CARDOZO, José Eduardo Martins; QUEIROZ, João Eduardo Lopes; SANTOS, Márcia Walquíria Batista dos (Coord.). *Curso de direito administrativo econômico*. São Paulo: Malheiros, 2006. v. 1, p. 686. ÁVILA, Humberto B. Natureza jurídica da contraprestação pecuniária recebida em contrato de parceria público-privada. Subvenção para investimento. Não incidência dos impostos sobre a renda e prestação de serviços e das contribuições sobre receita e sobre o lucro. *Revista Dialética de Direito Tributário*, v. 192, p. 169-175, 2011; FERREIRA, Luiz Tarcísio Teixeira. *Parcerias público-privadas: aspectos constitucionais*. Belo Horizonte: Fórum, 2006. p. 54; DERZI, Misabel Abreu Machado; NAVARRO COÊLHO, Sacha Calmon; COELHO, Eduardo Junqueira; LOBATO, Valter de Souza. Da imunidade das subvenções para investimento nas parcerias público-privadas. *In*: ROCHA, Valdir de Oliveira (Coord.). *Grandes questões atuais do Direito Tributário, 18º volume*. São Paulo: Dialética, 2014.

[382] É interessante observar como o Manual de contabilidade aplicada ao setor público qualifica a contraprestação pública nas concessões patrocinadas: "As parcelas das contraprestações referentes à remuneração do parceiro privado pela prestação dos serviços em **concessões patrocinadas** são, na essência, ajuda financeira. Dessa forma, devem ser classificadas orçamentariamente como **despesas correntes com subvenções econômicas**" (*Manual de contabilidade aplicada ao setor público*, parte III, 5ª ed. Portaria STN n. 700/2014, p. 200).

[383] ENEI, José Virgílio Lopes; FREIRE, André Luiz. Concessão comum subsidiada e PPPs. *Revista Brasileira de Infraestrutura – RBINF*, p. 143.

Advirta-se, porém, de que ambas, uma vez que implicam compromissos financeiros de longo prazo ao Estado, ostentam, à luz do princípio democrático, do princípio da proporcionalidade, do princípio da isonomia[384] e do princípio da eficiência, *caráter subsidiário*[385]. É dizer, para que o Estado possa servir-se *validamente* da "concessão comum subsidiada" e da concessão patrocinada deve, *previamente*, demonstrar a inviabilidade dos demais modelos de contratação pública.

Malgrado o legislador, uma vez mais, tenha dificultado a tarefa do intérprete, é evidente o enquadramento do chamado *"aporte de recursos" como subvenção econômica*[386]. Conforme se depreende do art. 6º, §§ 2º e 5º, da Lei n. 11.079/04, introduzidos pela Lei n. 12.766/12, o "aporte de recursos", em sintonia com a definição de subvenção que propugnamos, traduz-se *em uma prestação pecuniária do Estado em favor de um sujeito de direito privado, ao qual corresponde aplicar os valores percebidos, desinteressadamente e com a concorrência de recursos ou bens próprios, na realização de obras e aquisição de bens reversíveis.*

---

[384] O Professor Marçal Justen Filho atenta para a questão da isonomia: "Quando o Estado delibera, por meio de lei, promover a outorga de serviço público à iniciativa privada, visa a estabelecer um sistema em que o usuário arque com o custo do serviço fruído (ou, mesmo, colocado à sua disposição). Se o próprio Estado intervier para subsidiar o serviço público, destrói-se essa sistemática. Nem haverá necessidade de eficiência do concessionário, nem haverá contribuição individual do usuário para arcar com os efeitos do próprio consumo. Haverá transferência dos encargos relacionados com o serviço para o universo geral dos cidadãos" (*Teoria geral das concessões de serviço público*. São Paulo: Dialética, 2003, p. 339).

[385] Desenvolvemos este tema no seguinte trabalho: VALIM, Rafael; MARINHO DE CARVALHO, Gustavo. O caráter subsidiário das parcerias público-privadas. *In:* VALIM, Rafael; DAL POZZO, Augusto Neves; AURÉLIO, Bruno; FREIRE, André Luiz (Coord.). *Parcerias público-privadas: teoria geral e aplicação nos setores de infraestrutura.* São Paulo: Fórum, 2014.

[386] Comunga da nossa posição: SCHWIND, Rafael Wallbach. Contraprestação pública nos contratos de PPP: natureza jurídica, momento de disponibilização e a figura do aporte de recursos. Revista de Contratos Públicos – RCP, Belo Horizonte, ano 3, n. 3, mar./ago. 2013; COELHO, Eduardo Junqueira; COÊLHO, Sacha Calmon. Parceria público-privada e o aporte de recursos pelo Poder Público: crítica ao tratamento tributário conferido pela MP no 575/2012. *In:* BICALHO, Alécia Paolucci Nogueira; DIAS, Maria Tereza Fonseca (Coord.). *Contratações públicas: estudos em homenagem ao Professor Carlos Pinto Coelho Motta.* Belo Horizonte: Fórum, 2013, p. 569.

CAPÍTULO IV – A SUBVENÇÃO NO DIREITO ADMINISTRATIVO...

6.4.3 Conteúdo

Debrucemo-nos agora sobre o *conteúdo* da relação jurídico-administrativa subvencional.

Consoante já averbamos, a subvenção denota uma relação jurídico-administrativa complexa, em cujo interior o Estado e o particular assumem diversas posições jurídicas ativas e passivas[387]. Segue-se daí a *bilateralidade* ínsita ao seu conteúdo[388], o que não significa, entretanto, correspectividade ou sinalagma prestacional.[389]

Com efeito, no contexto da relação subvencional, o dinheiro público transferido ao particular não remunera uma prestação, ou seja, não configura *preço*, cujo significado foi admiravelmente apreendido por Guido Alpa: "la misura in danaro del valore di un bene o di una prestazione"[390]. Isto conduziu o Professor Geraldo Ataliba a assinalar, corretamente, o caráter não remuneratório e não compensatório da subvenção[391].

Neste sentido, vale referir a distinção proposta por Cesare Cosciani, entre "despesa-preço" e despesa-subsídio": "La spesa-prezzo è

---

[387] Ver item 2 deste capítulo.

[388] VALIM, Rafael. *O princípio da segurança jurídica no Direito Adminitrativo brasileiro*. São Paulo: Malheiros, 2010, p. 75 e 76; CIPPITANI, Roberto. *La sovvenzione come rapporto giuridico*. Perugia: Università degli Studi di Perugia, 2013, p. 333; CASSAGNE, Juan Carlos. *Derecho Administrativo*, t. II, 7ª ed. Buenos Aires, 2002, p. 350 e 351.

[389] MARTÍNEZ LÓPEZ-MUÑIZ, José Luis. La actividad administrativa dispensadora de ayudas y recompensas: una alternativa conceptual al fomento en la teoria de los modos de acción de la Administración pública. *In:* MORANT, Rafael Gómez-Ferrer (Coord.). *Libro homenaje al profesor José Luis Villar Palasi*. Madri: Civitas, 1989, p. 761; PERICU, Giuseppe. *Le sovvenzioni come strumento di azione amministrativa*, v. II. Milão: Giuffrè, 1971, p. 248; EPRON, Quentin. Les contrats de subvention. *Revue du droit public et de la science politique en France et à l'Étranger*, p. 6.

[390] ALPA, Guido. Sulla nozione di prezzo. *In:* ALPA, Guido; BRESSONE, Mario; ROPPO, Enzo. *Rischio contrattuale e autonomia privata*. Nápoles: Jovene Editore Napoli, 1982, p. 143.

[391] ATALIBA, Geraldo. Subvenção municipal a empresas, como incentivo à industrialização: a impropriamente designada "devolução do ICM", *Revista dos Tribunais*, p. 44 e 45.

RAFAEL VALIM

quella spesa che lo Stato sostiene per assicurarsi un servizio o per acquistare sul mercato dei beni; è il corrispettivo di una controprestazione resa allo Stato dal percettore dela somma. La spesa-sussidio è quella che lo Stato sostiene a favore di determinate persone o gruppi senza chiedere ad essi alcun corrispettivo".[392]

Insistamos nesse ponto: os valores transferidos a título subvencional constituem apenas a participação do ente administrativo na realização da atividade fomentada[393], *não apresentando feição contraprestacional*[394]. O Professor Celso Antônio Bandeira de Mello acolhe este entendimento: "Anote-se que as sobreditas outorgas *não são efetuadas com o estabelecimento de obrigações de contraprestações em sentido técnico*, mas apenas com o dever de aplicar os recursos nas finalidades para que foram concedidos, submetendo-se à prestação de contas perante o Tribunal de Contas"[395].

Formuladas estas considerações preambulares a respeito do conteúdo da relação jurídico-administrativa subvencional, ocupemo-nos da pormenorização das situações jurídicas em que se inserem o subvencionador e o subvencionado.

6.4.3.1 Situação jurídica do sujeito passivo

Iniciemos pelo exame da situação jurídica do sujeito passivo da relação subvencional (=subvencionado), haja vista que dela extrairemos

---

[392] COSCIANI, Cesare. *Principii di scienza dele finanze*. Turim: Unione Tipografico-Editrice Torinese, 1953, p. 570; DALTON, Hugh. *Principles of public finance*. Nova Deli: Allied Publishers, 2004, p. 146 e ss.

[393] Diz Roberto Cippitani: "Nelle sovvenzioni, come negli altri contratti di carattere associativo, la soddisfazione degli interessi di una delle parti non avviene per effetto della controprestazione di un'altra parte, ma dall'esecuzione di un programma concordato (nel caso delle sovvenzioni, il progetto). La sovvenzione dell'ente finanziatore non remunera l'attività del beneficiario, ma costituisce la partecipazione dell'ente alla realizzazione del progetto" (*La sovvenzione come rapporto giuridico*. Perugia: Università degli Studi di Perugia, 2013, p. 333).

[394] MESSINEO, Francesco. *Il contrato in genere*, t. I. Milão: Giuffrè, 1973, p. 748.

[395] BANDEIRA DE MELLO, *Curso de Direito Administrativo*, 31ª ed. São Paulo: Malheiros, 2014, p. 834.

CAPÍTULO IV – A SUBVENÇÃO NO DIREITO ADMINISTRATIVO...

algumas premissas para a ulterior análise da situação jurídica do sujeito ativo (=subvencionador).

De plano, assinale-se que o subvencionado ostenta direito subjetivo ao objeto da subvenção, ou, em outro dizer, à quantia pecuniária que lhe foi outorgada pela Administração Pública[396].

A subvenção é antitética à ideia de precariedade. Constituiria um supino contra-senso aceitar que a Administração pudesse conclamar os particulares a colaborar com atividades de interesse público e, ao mesmo tempo, a ela fosse dado, a qualquer tempo, inopinadamente, pôr fim aos vínculos jurídicos outrora constituídos[397]. A este respeito, afirma Norberto Bobbio, com o costumeiro atilamento:

> O momento inicial de uma medida de desencorajamento é uma ameaça; já o de uma medida de encorajamento, uma promessa. Enquanto a ameaça da autoridade legítima faz surgir, para o destinatário, a obrigação de comportar-se de um certo modo, a *promessa implica, por parte do promitente, a obrigação de mantê-la* (grifo nosso)[398].

Segue-se daí a *invalidade das alcunhadas "cláusulas de precariedade"*, desgraçadamente comuns nas agências de fomento brasileiras, por meio das quais se pretende debilitar o direito subjetivo dos subvencionados[399]. Em um programa do Governo Federal voltado ao fomento à inovação, por exemplo, consta do ato convocatório, teratologicamente, que a

---

[396] FARRERES, Germán Fernández. *La subvención: concepto y régimen jurídico.* Madri: Instituto de Estudios Fiscales, 1983, pp. 446 e 447; CEPEDA, Gladys Camacho. Las modalidades de la actividad administrativa y los princípios que rigen la actuación de la Administración del Estado. *In:* PANTOJA BAUZÁ, Rolando (Coord.). *Derecho Administrativo Chileno.* Cidade do México: Porrúa, 2007, p. 562.

[397] DAROCA, Eva Desdentado. *El precario administrativo.* Pamplona: Arazandi, 1999, p. 63.

[398] BOBBIO, Norberto. *Da estrutura à função: novos estudos de teoria do direito.* São Paulo: Manole, 2007, p. 18.

[399] GORDILLO, Agustín. *Tratado de Derecho Administrativo,* t. 3, 6ª ed. Belo Horizonte: Del Rey, 2003, p. VI-20 e ss.

Administração Pública "se reserva o direito de modificar ou descontinuar os instrumentos de apoio indicados sem prévio aviso"[400].

A subvenção, deveras, é conferida ao seu beneficiário com o óbvio propósito de perdurabilidade, futuridade e não de precariedade. *Eis por que, mais que um direito subjetivo, traduz direito adquirido*, cuja petrealidade é oponível até mesmo contra o Poder Constituinte Reformador, a teor do que preceitua o art. 5º, XXXVI, em conjunto com o art. 60, § 4º, IV, ambos da Constituição Federal[401].

Ao aludido direito subjetivo do subvencionado se liga, de modo inextricável, o *dever*[402] de realização da atividade fomentada[403]. O Professor José Luis Martínez López-Muñiz chega a afirmar que o cumprimento do dever de aplicar os recursos públicos na atividade prefixada e o desfrute do direito ao benefício são a mesma coisa, porém vistas de perspectivas diferentes.[404]

De fato, não se trata de dever a cujo cumprimento se subordina o exercício de um direito ou de *obrigação*[405] sob condição resolutiva ou

---

[400] Trata-se do "Plano de apoio conjunto Inova Agro", iniciativa destinada à coordenação das ações de fomento à inovação e ao aprimoramento da integração dos instrumentos de apoio disponibilizados pelo BNDES e pela FINEP.

[401] VALIM, Rafael. *O princípio da segurança jurídica no Direito Administrativo brasileiro*. São Paulo: Malheiros, 2010, p. 107; BANDEIRA DE MELLO. O direito adquirido e o Direito Administrativo. *Revista Trimestral de Direito Público*, p. 60; RIBEIRO BASTOS, Celso. *Comentários à Constituição de 1988*, vol. 2, São Paulo: Saraiva, 1989, p. 197.

[402] ROMANO, Santi. *Frammenti di un dizionario giuridico*. Milão: Giuffrè, 1983, p. 95.

[403] PERICU, Giuseppe. *Le sovvenzioni come strumento di azione amministrativa*, v. II. Milão: Giuffrè, 1971, p. 248-253; La subvención: ¿acto unilateral o contrato administrativo? *Revista de Derecho Público, Contratos Administrativos*, 2007-1. Rubinzal-Culzoni: Buenos Aires, 2007, p. 464 e 465; MENDONÇA, José Vicente de. *Direito Constitucional Econômico: a intervenção do Estado na economia à luz da razão pública e do pragmatismo*. Belo Horizonte: Fórum, 2014, p. 375-377.

[404] MARTÍNEZ LÓPEZ-MUÑIZ, José Luis. La actividad administrativa dispensadora de ayudas y recompensas: una alternativa conceptual al fomento en la teoria de los modos de acción de la Administración pública. *In:* MORANT, Rafael Gómez-Ferrer (Coord.). *Libro homenaje al profesor José Luis Villar Palasi*. Madri: Civitas, 1989, p. 764.

[405] Sobre a distinção entre obrigação e dever: ZOCKUN, Maurício. *Regime jurídico da obrigação tributária acessória*. São Paulo: Malheiros, 2005, pp. 69 e ss; ROCHA, Silvio Luís Ferreira da. *Direito civil – 2: obrigações*. São Paulo: Malheiros, 2010, p. 21 e 21.

CAPÍTULO IV – A SUBVENÇÃO NO DIREITO ADMINISTRATIVO...

suspensiva[406]. O dever imputado ao subvencionado – *cujo cumprimento, em última análise, configura o regular exercício do direito subjetivo à subvenção* – nada tem de acidental ou acessório. Cuida-se de conteúdo inerente à tipologia do ato subvencional ou, no léxico do Direito Italiano, de "conteúdo implícito" da relação subvencional.

Outro dever indeclinável do beneficiário da subvenção é o de *prestar contas*. É a própria Constituição Federal que o proclama:

> Art. 70. A fiscalização contábil, financeira, orçamentária, operacional e patrimonial da União e das entidades da administração direta e indireta, quanto à legalidade, legitimidade, economicidade, aplicação das subvenções e renúncia de receitas, será exercida pelo Congresso Nacional, mediante controle externo, e pelo sistema de controle interno de cada Poder.
>
> Parágrafo único. Prestará contas qualquer pessoa física ou jurídica, pública ou privada, que utilize, arrecade, guarde, gerencie ou administre dinheiros, bens e valores públicos ou pelos quais a União responda, ou que, em nome desta, assuma obrigações de natureza pecuniária. (grifo nosso)

A legislação infraconstitucional também consagra, de modo irretorquível, este dever[407], do qual deriva a necessidade de o subvencionado comprovar o regular emprego das quantias que lhe foram transferidas e os resultados alcançados por meio delas.

6.4.3.2 Situação jurídica do sujeito ativo

Pormenorizemos a situação jurídica do sujeito ativo da subvenção, ao qual compete, primordialmente, a *obrigação* de transferir os recursos públicos ao sujeito passivo no tempo e na forma avençados.

---

[406] VILLAR PALASÍ, José Luís. Las técnicas administrativas de fomento y de apoyo al precio político. *Revista de Administración Pública*, p. 68 e 90-93.

[407] A título exemplificativo, vejamos o Decreto-Lei n. 200/67: "Art. 93. Quem quer que utilize dinheiros públicos terá de justificar seu bom e regular emprêgo na conformidade das leis, regulamentos e normas emanadas das autoridades administrativas competentes".

A par desta obrigação, ao ente subvencionador a Constituição Federal, em seu art. 70, imputa-se o dever de *fiscalizar* a aplicação das subvenções[408]. Por consequência, à Administração Pública cumprirá *exigir a devolução* dos recursos públicos indevidamente utilizados e, nos termos da lei, *impor sanções administrativas* em vista de infrações cometidas pelo beneficiário da subvenção.

Assinale-se, contudo, que, mesmo nas hipóteses em que a subvenção é veiculada mediante contrato administrativo, não se reconhece ao ente subvencionador a prerrogativa de alterar unilateralmente a relação subvencional[409]. Conforme veremos mais adiante, eventual pretensão de redução da subvenção reclamaria a concorrência da vontade do subvencionado e, do mesmo modo, eventual pretensão de ampliação dos deveres do subvencionado, ainda que acompanhados da correspondente ampliação do valor da subvenção, dependeriam da manifestação de vontade do beneficiário[410]. Nesta última hipótese, aliás, admitir o contrário resultaria em negação de um dos traços fundamentais da atividade de fomento, qual seja, o da voluntariedade[411]. Como já dissemos

---

[408] RIVERO, Jean, *Direito Admininistrativo*. Coimbra: Almedina, 1981, p. 509.

[409] Assim pensa o Professor Marçal Justen Filho: "O contrato de fomento não é compatível com essas características inerentes ao regime jurídico dos contratos administrativos em sentido estrito. *Assim, neles não se reconhecem à Administração Pública as chamadas prerrogativas extraordinárias, que abrangem a competência para inovar unilateralmente as condições contratuais.* Como decorrência, mesmo que a solução contratual originalmente avençada não se preste a assegurar a satisfação ótima do interesse coletivo, não restará autorizada a sua alteração por determinação administrativa unilateral" (JUSTEN FILHO, Marçal; JORDÃO, Eduardo Ferreira. A contratação administrativa destinada ao fomento de atividades de interesse coletivo. *Revista Brasileira de Direito Público – RBDP*, Belo Horizonte, ano 9, n. 34, jul./set. 2011, p. 7).

[410] Rodrigo Cuesta advoga o mesmo entendimento: "Resultará que la potestade modificatoria que se le reconoce a la Administración en el marco del contrato administrativo habrá de ser cuidadosamente ejercida en el campo de la actividad subvencional, cuando no limitada, ya que por principio no bastará la compensación de los sacrificios patrimoniales que su ejercicio le origine al beneficiario para tener por resguardada la necesaria concurrencia de voluntad e intereses que caracteriza la subvención" (*La subvención*. Buenos Aires: Abeledo-Perrot, 2012, p. 95).

[411] Ver item 3.2 da parte 1. Contra esta posição: MAGALHÃES, Gustavo Alexandre. *Convênios administrativos: aspectos polêmicos e análise crítica de seu regime jurídico*. São Paulo: Atlas, 2012, p. 216 e ss.

CAPÍTULO IV – A SUBVENÇÃO NO DIREITO ADMINISTRATIVO...

e convém repeti-lo, subvenção obrigatória é uma contradição em termos. Eis o que nos ensina o conhecido adágio: *omnis subventio est voluntaria*[412].

Também merece reflexão a prerrogativa de extinção unilateral da subvenção, sob a forma de revogação, invalidação e cassação.

Quanto à *revogação* – consistente na retirada do ato ou contrato administrativo por razões de conveniência e oportunidade –, ao reconhecer-se, linhas atrás[413], o direito adquirido do subvencionado à percepção dos recursos públicos que lhe foram outorgados, *segue-se, inevitavelmente, a conclusão de que o ente subvencionador não pode revogar a subvenção*[414]. O direito adquirido, segundo nos parece, configura barreira absoluta à revogação, restando ao ente subvencionador, nos casos de impossibilidade de conciliação de um interesse público com o direito do subvencionado, valer-se da *desapropriação*, o que importará, à vista do art. 5º, XXIV, da Constituição Federal, na *indenização justa, prévia e em dinheiro dos danos emergentes*[415] *sofridos pelo subvencionado*.

No que pertine à *invalidação* – expressiva da desconstituição do ato ou contrato administrativo por motivo de ilegalidade –, tendo em vista a natureza ampliativa da subvenção, se o subvencionado não concorreu para o vício, estando de boa-fé, o ato invalidador, por força do subprincípio da confiança legítima, projeta seus efeitos *ex nunc*[416]. Além

---

[412] RENDERS, David; BOMBOIS, Thomas; VANSNICK, Louis. La définition de la subvention et ses rapports avec la notion d'aide d'etat. *In:* RENDERS, David (Coord.) *Les subventions*. Bruxelas: Larcier, 2011, p. 79.

[413] Ver o item 6.4.3.1.

[414] BANDEIRA DE MELLO, *Curso de Direito Administrativo*, 31ª ed. São Paulo: Malheiros, 2014, p. 496; TALAMINI, Daniele Coutinho. *Revogação do ato administrativo*. São Paulo: Malheiros, 2002, p. 243. No Direito Francês também se veda a retirada de subvenções por razões de conveniência e oportunidade (LE ROY, Marc. Récupérer une aide publique. *Revue du droit public et de science politique en France et à l'*Étranger, p. 1015).

[415] Não há que se falar em lucros cessantes, visto que, à luz do conceito de subvenção, a atuação do particular sempre é desinteressada.

[416] BANDEIRA DE MELLO, *Curso de Direito Administrativo*, 31ª ed. São Paulo: Malheiros, 2014, p. 496; Para maior desenvolvimento deste tema: VALIM, Rafael. *O princípio da segurança jurídica no Direito Administrativo brasileiro*. São Paulo: Malheiros, 2010, p. 114 e ss.

disso, diferentemente da revogação, os eventuais danos gerados ao subvencionado em virtude da invalidação são imputados ao Estado com base em sua *responsabilidade por ato lícito*[417].

Já a *cassação*, que recebe o nome de *resolução* no âmbito contratual[418], nada tem a ver com a validade da subvenção. Trata-se de supressão da subvenção em decorrência da inobservância dos deveres que competiam ao subvencionado[419]. Assim, por exemplo, o descumprimento do dever de realização da atividade subvencionada de acordo com o plano de trabalho, a aplicação dos recursos públicos à finalidade diversa da prevista na relação subvencional[420], o desrespeito ao dever de prestar contas à Administração Pública, entre outras infrações, renderá ensejo à extinção da subvenção, com a consequente exigência de devolução das importâncias percebidas e a imposição de eventuais sanções administrativas previstas em lei.

A propósito da devolução dos recursos públicos em virtude da cassação da subvenção, importa uma pequena, porém relevante, observação. Em nosso juízo, o valor a ser devolvido depende das características da subvenção. Se *subvenção de atividade*, a *devolução incide apenas sobre os valores não empregados ou utilizados em finalidade distinta da prevista no ato ou contrato*; se *subvenção de resultado*, o subvencionado *terá de devolver toda a soma que recebeu*, dada a completa frustação do objetivo que animou a concessão do benefício[421].

6.4.4 Objeto

Resta examinar o objeto da subvenção, consistente na soma de dinheiro público outorgada ao particular.

---

[417] VALIM, Rafael. *O princípio da segurança jurídica no Direito Administrativo brasileiro*. São Paulo: Malheiros, 2010, p. 116.

[418] ROCHA, Silvio Luís Ferreira da. *Manual de Direito Administrativo*. São Paulo: Malheiros, 2013, p. 472.

[419] LUENGO, Javier García. *El reintegro de subvenciones*. Madri: Civitas, 2010, p. 23.

[420] OLIVEIRA, Regis Fernandes de. *Curso de Direito Financeiro*, 6ª ed. São Paulo: RT, 2014, 674.

[421] Ver item 4 deste capítulo.

CAPÍTULO IV – A SUBVENÇÃO NO DIREITO ADMINISTRATIVO...

Nesta sede, o primeiro aspecto a ser abordado é o da *especificidade* do objeto da subvenção. Significa dizer que *toda e qualquer subvenção deve ser específica e concreta, circunscrita ao custo da atividade subvencionada*[422], não se admitindo subvenções genéricas, dissociadas de específicos planos de trabalho cujos resultados possam ser aferidos pelos órgãos de controle interno e externo[423].

Também merece atenção a *finalidade* do objeto da subvenção, à luz da qual se revela mais uma descoincidência entre os conceitos de subvenção abrigados no Direito Financeiro e no Direito Administrativo.

Nos domínios do Direito Administrativo, enquadram-se como subvenções tanto os recursos financeiros voltados a investimentos[424] quanto aqueles destinados a despesas de custeio[425] das entidades subvencionadas. Para efeito de Direito Financeiro, porém, configuram subvenções apenas as transferências destinadas a cobrir despesas de custeio das entidades beneficiadas (art. 12, § 3º da Lei n. 43.20/64). As dotações vocacionadas a investimentos refogem ao conceito jurídico-financeiro

---

[422] Ver item 2.1 deste capítulo. Não se olvide do art. 19, item 3, da Lei Geral de Subvenções da Espanha: "O aporte das subvenções, em nenhum caso, poderá ser de tal quantia que, isolada ou conjuntamente com outras subvenções, ajudas, ingressos ou recursos públicos, supere o custo da atividade subvencionada".

[423] SESMA SÁNCHEZ, Begoña. El concepto jurídico de subvención y ayuda pública: alcance de la noción de fomento y promoción. *In:* SANAGUSTÍN, Mario Garcés; OLMEDA, Alberto Palomar (Coord.). *Derecho de las subvenciones y ayudas públicas.* Madri: Arazandi, 2011, p. 253. Convém observar o art. 22 da Lei n. 13.019/14, que dispõe sobre o plano de trabalho que deverá, obrigatoriamente, instruir o termo de fomento e o termo de colaboração.

[424] Dispõe a Lei n. 4.320/64: "Art. 12. A despesa será classificada nas seguintes categorias econômicas: (...) § 4º Classificam-se como investimentos as dotações para o planejamento e a execução de obras, inclusive as destinadas à aquisição de imóveis considerados necessários à realização destas últimas, bem como para os programas especiais de trabalho, aquisição de instalações, equipamentos e material permanente e constituição ou aumento do capital de emprêsas que não sejam de caráter comercial ou financeiro".

[425] Estatui a Lei n. 4.320/64: "Art. 12. A despesa será classificada nas seguintes categorias econômicas: (...) § 1º Classificam-se como Despesas de Custeio as dotações para manutenção de serviços anteriormente criados, inclusive as destinadas a atender a obras de conservação e adaptação de bens imóveis".

RAFAEL VALIM

de subvenção, sendo categorizadas como transferências de capital (art. 12, § 6º, da Lei n. 4.320/64).

Acresça-se que a Lei n. 4.320/64, em seu art. 21, proíbe a concessão de subvenção para investimentos que se incorporem ao patrimônio de empresas com fins lucrativos. Para comodidade da análise, reproduzamos o aludido texto legal: "Art. 21. A Lei de Orçamento não consignará auxílio para investimentos que se devam incorporar ao patrimônio das emprêsas privadas de fins lucrativos".

Conclui-se, portanto, que, no contexto das concessões de serviços públicos e das parcerias público-privadas, as subvenções de investimentos devem circunscrever-se aos bens reversíveis, os quais, como se sabe, não se incorporam ao patrimônio dos concessionários de serviços público, tampouco dos parceiros privados.

Outro ponto relevante diz com a *impenhorabilidade* dos recursos públicos transferidos ao particular a título de subvenção.

Ensina o Professor Celso Antônio Bandeira de Mello que "(...) os bens comprometidos com o serviço ou atividade pública ficam votados à satisfação de necessidades ou conveniências públicas, delas não podendo ser distraídos, o que os faz inaptos a garantirem pretensões de terceiros"[426]. Esta lição é inteiramente aplicável às subvenções, as quais estão geneticamente afetadas à realização de atividades de interesse público e, destarte, não podem ser desviadas para a satisfação de créditos de terceiros[427].

O Código de Processo Civil reconhece a impenhorabilidade das subvenções, embora a limite, *inconstitucionalmente*, às áreas de educação, saúde e assistência social. Preceitua o texto legal: "Art. 649.

---

[426] BANDEIRA DE MELLO, Celso Antônio. Impenhorabilidade dos bens das empresas estatais exercentes de atividades públicas. *Revista Trimestral de Direito Público*, p. 22.

[427] *Ayudas públicas: incidência de la intervención estatal en el funcionamiento del mercado*. Buenos Aires: Hammurabi, 2004, pp. 187 e 188; DE ROY, David. L'incidence de l'octroi d'une subvention sur le bénéficiaire: les effets "secondaires". *In:* RENDERS, David (Coord.) *Les subventions*. Bruxelas: Larcier, 2011, p. 462.

CAPÍTULO IV – A SUBVENÇÃO NO DIREITO ADMINISTRATIVO...

São absolutamente impenhoráveis: (...) IX – os recursos públicos recebidos por instituições privadas para aplicação compulsória em educação, saúde ou assistência social".

A área a que se destina a subvenção não interfere na ontologia jurídica do seu objeto. Assim, por exemplo, o dinheiro de uma subvenção econômica não é "menos" público que o dinheiro de uma subvenção social. Resulta, pois, que, *independentemente da área em que for aplicada, o objeto da subvenção e os bens que, a partir dele, venham a ser adquiridos, são impenhoráveis.*

O regime jurídico-administrativo impõe, ademais, limites à destinação do objeto das subvenções, entre os quais se destaca a observância do teto remuneratório previsto no art. 37, XI, da Constituição Federal. Logo, *se a entidade subvencionada receber recursos para pagamento da remuneração de sua equipe de trabalho, deverá respeitar o limite estabelecido no texto constitucional*[428]. Aliás, esta preocupação parece ter conduzido o legislador infraconstitucional a ordenar, no bojo da Lei n. 13.019/14, que as entidades subvencionadas confiram "ampla transparência aos valores pagos a título de remuneração de sua equipe de trabalho vinculada à execução do termo de fomento ou de colaboração" (art. 47, § 4º).

Anote-se, por fim, que o objeto da subvenção é tutelado pelo sistema de responsabilidade por improbidade administrativa[429], à vista do art. 1º, parágrafo único, da Lei n. 8.429/92.[430]

---

[428] *Parcerias na Administração Pública: concessão, permissão, franquia, terceirização, parceria público-privada e outras formas,* 8ª ed. São Paulo: Atlas, 2011, p. 271. A própria Constituição adota esta lógica: "Art. 37. A administração pública direta e indireta de qualquer dos Poderes da União, dos Estados, do Distrito Federal e dos Municípios obedecerá aos princípios de legalidade, impessoalidade, moralidade, publicidade e eficiência e, também, ao seguinte: (...) § 9º O disposto no inciso XI aplica-se às empresas públicas e às sociedades de economia mista, e suas subsidiárias, que *receberem recursos da União, dos Estados, do Distrito Federal ou dos Municípios para pagamento de despesas de pessoal ou de custeio em geral*".

[429] Sobre o tema: OLIVEIRA, José Roberto Pimenta. *Improbidade administrativa e sua autonomia constitucional.* Belo Horizonte: Fórum, 2009.

[430] ALMEIDA PRADO, Francisco Octavio. *Improbidade administrativa.* São Paulo: Malheiros, 2011, p. 65 e 66.

CONCLUSÕES

Ao longo destas páginas, animados pelo firme propósito de descortinar a subvenção no Direito Administrativo brasileiro, alcançamos diversas conclusões, as quais compendiamos a seguir.

1. A ordem constitucional brasileira não recepcionou o sentido funcional do "princípio da subsidiariedade". É o interesse público que determina a intervenção estatal nos domínios econômico e social e não o chamado "princípio da subsidiariedade".

2. A atividade de fomento não traduz uma atividade subsidiária, incidente sobre deficiências do mercado, senão que uma atuação planejada do Estado destinada à efetivação de interesses públicos.

3. A delimitação das atividades administrativas deve radicar em traços jurídicos-positivos que permitam identificar a sua intimidade estrutural. À luz desta orientação, divisamos as seguintes atividades administrativas no Direito brasileiro: (i) serviço público; (ii) atividade de polícia administrativa; (iii) atividade ablatória (iv) atividade sancionatória; (v) atividade econômica; (vi) atividade de gestão dos bens públicos; (vii) atividade de fomento.

4. A atividade de fomento é expressão da função administrativa, não podendo jamais ser interpretada como uma "liberalidade" da Administração Pública.

RAFAEL VALIM

5. Uma nota fundamental da atividade de fomento é a voluntariedade. Fomento obrigatório é uma contradição em termos.

6. A atividade de fomento pode ser entendida como a transferência de bens e direitos em favor de particulares, sem contraprestação ou com contraprestação em condições facilitadas, em ordem à satisfação direta ou indireta de interesses públicos.

7. A classificação mais útil dos meios econômicos de fomento se baseia na posição jurídica do particular. De um lado, colocam-se os meios de fomento que não envolvem contraprestação do particular, a que denominamos "meios gratuitos", e aqueles que implicam uma contraprestação do beneficiário, porém em condições mais favoráveis que as de mercado, a que apusemos o rótulo de "meios onerosos". A subvenção é um exemplo de meio gratuito de fomento.

8. A subvenção, enquanto ensejadora de dispêndio de recursos públicos, possui natureza dúplice, de Direito Financeiro e de Direito Administrativo. Entretanto, a concepção de subvenção encontradiça no Direito Financeiro não se confunde com a concepção emergente do Direito Administrativo.

9. No Direito brasileiro comparecem princípios, emanados da Constituição Federal, que infundem unidade sistemática a um conjunto de regras jurídicas disciplinadoras da atividade financeira do Estado, de sorte a afirmar-se a autonomia jurídica do Direito Financeiro.

10. Podemos definir a subvenção como uma relação jurídico-administrativa típica, caracterizada por uma prestação pecuniária do Estado em favor de um sujeito de direito privado, ao qual corresponde aplicar os valores percebidos, desinteressadamente e com a concorrência de recursos ou bens próprios, no desenvolvimento de uma atividade revestida de interesse público.

11. A subvenção apresenta uma peculiar fisionomia, inconfundível com as demais espécies de relações jurídico-administrativas.

154

CONCLUSÕES

Daí dizer-se que se trata de uma relação jurídico-administrativa típica.

12. A subvenção sempre consistirá em uma obrigação estatal cujo objeto é dinheiro público.

13. No âmbito do Direito Administrativo, a subvenção pode ter como sujeito passivo apenas entidades privadas, com ou sem fins lucrativos.

14. A instauração da relação subvencional sempre precede a realização da atividade de interesse público a que se visa fomentar.

15. Os recursos públicos transferidos aos particulares a título subvencional estão afetados à consecução de um específico interesse público.

16. A subvenção ostenta caráter não lucrativo. Disso resulta que apenas o custo atividade subvencionada pode ser coberto pelo Estado.

17. À luz do princípio da repartição de riscos, é interditado ao Estado custear toda a atividade subvencionada. Compete ao beneficiário concorrer, com patrimônio próprio, para o custeio da aludida atividade.

18. A subvenção não se confunde com a isenção tributária. Enquanto a primeira consiste em uma *dare*, a segunda implica um *non dare*.

19. A subvenção também deve ser apartada do subsídio. Enquanto a subvenção se destina ao estímulo de determinadas atividades, satisfazendo indiretamente interesses públicos, os subsídios são preordenados à proteção de determinados direitos fundamentais, satisfazendo diretamente interesses públicos.

20. O princípio da repartição de riscos não é aplicável aos subsídios. Por outro lado, os subsídios são amparados pelo princípio da

proibição de retrocesso, o que lhes confere especial estabilidade jurídica.

21. Não se pode equiparar a subvenção à doação. Ainda que com derrogações de Direito Público, a doação instala uma relação jurídica regida pelo Direito Privado, ao passo que a subvenção é disciplinada pelo Direito Administrativo.

22. A subvenção e o prêmio constituem realidades jurídicas distintas. Uma das mais marcantes diferenças entre estas figuras reside no fato de que a relação jurídica subvencional é instaurada *antes* da realização da atividade que se pretende fomentar (*ex ante*), ao passo que relação jurídica premial é deflagrada *após* a realização de determinada atividade (*ex post*).

23. No Direito brasileiro, apresentam relevância jurídica três classificações das subvenções, cujos critérios são os seguintes: (i) forma de determinação da quantia da subvenção – subvenções fixas ou variáveis – (ii) dever imposto ao sujeito subvencionado – subvenção de atividade ou de resultado – (iii) atividade a que se dedica o sujeito beneficiário – subvenções sociais ou econômicas.

24. Nos quadrantes da Constituição de 1988, as subvenções se submetem à *legalidade orçamentária* (art. 165 da Constituição Federal) e à *legalidade administrativa* (art. 37, *caput*, da Constituição Federal).

25. O art. 26 da Lei de Responsabilidade Fiscal não impõe a necessidade de autorização legislativa, caso a caso, para a concessão de subvenções.

26. O acesso igualitário às subvenções é garantido ora por meio do credenciamento, quando for possível contemplar todos os interessados, ora mediante um procedimento concorrencial, nos casos em que, em virtude da escassez de recursos públicos, seja impossível o atendimento de todos os interessados.

CONCLUSÕES

27. Todas as subvenções, sejam elas sociais ou econômicas, atraem a aplicação da Lei de Acesso à Informação Pública (Lei n. 12.557/2011).

28. Os sujeitos beneficiários de subvenções devem observar, ainda que com temperamentos, os deveres de transparência passiva estabelecidos na Lei de Acesso à Informação Pública.

29. A Constituição não proíbe toda e qualquer subvenção às entidades confessionais. O que se veda é a concessão de subvenções em prol de atividades de proselitismo religioso. As atividades de relevante interesse público desempenhadas por estas entidades, à semelhança das demais associações sem fins lucrativos, podem ser estimuladas por meio de subvenções sociais.

30. É defeso ao Estado, a pretexto de garantir o bom uso das subvenções pelos particulares, interferir no funcionamento das associações sem fins econômicos ou sociedades empresárias.

31. As subvenções não são aprioristicamente "discricionárias". À lei cumpre determinar a compostura da competência administrativa e, por consequência, a existência de vinculação ou discricionariedade.

32. No Direito brasileiro, as subvenções podem ser outorgadas unilateral ou bilateralmente.

33. É falsa a premissa de que as subvenções constituiriam somente um dos instrumentos jurídicos da atividade de fomento, *ao lado* dos convênios (Lei n. 8.666/93), dos contratos de gestão (Lei n. 9.637/98), dos termos de parceria (Lei n. 9.790/99), dos termos de colaboração e termos de fomento (Lei n. 13.019/14) e quejandos. Em verdade, porém, estes módulos convencionais de cooperação, quando envolvem o trespasse de dinheiro público, dão nascimento, *bilateralmente*, a relações jurídico-administrativas subvencionais.

34. Ao reconhecer-se a subvenção nos diversos módulos convencionais, sejam eles de cooperação ou de concessão, incorpora-se

a estas relações jurídicas o regime jurídico regente das relações subvencionais.

35. A concessão de subvenções deve ser precedida de avaliação da aptidão do interessado, sob os aspectos jurídico, fiscal, técnico e econômico-financeiro.

36. A contraprestação pública prevista na concessão patrocinada constitui uma subvenção econômica. Conquanto a expressão queira nos atraiçoar, trata-se de transferência pecuniária destinada a viabilizar economicamente a concessão e não a retribuir a prestação de um serviço diretamente ao Estado.

37. O "aporte de recursos" previsto na Lei n. 11.709/04 também caracteriza uma subvenção econômica, podendo ser definido como uma prestação pecuniária do Estado em favor de um sujeito de direito privado, ao qual corresponde aplicar os valores percebidos, desinteressadamente e com a concorrência de recursos ou bens próprios, na realização de obras e aquisição de bens reversíveis.

38. No tocante às concessões de serviços públicos e das parcerias público-privadas, as subvenções de investimentos devem circunscrever-se aos bens reversíveis.

39. A bilateralidade ínsita ao seu conteúdo da subvenção não significa, entretanto, correspectividade ou sinalagma prestacional. O dinheiro público transferido ao particular não remunera uma prestação, ou seja, não configura preço.

40. A subvenção repugna a ideia de precariedade, do que deriva a invalidade das chamadas "cláusulas de precariedade". Mais que um direito subjetivo, a subvenção configura um direito adquirido, cuja petrealidade é oponível até mesmo contra o Poder Constituinte Reformador, à luz do art. 5º, XXXVI, em conjunto com o art. 60, § 4º, IV, ambos da Constituição Federal.

41. O cumprimento do dever imputado ao subvencionado traduz, em última análise, o regular exercício do direito subjetivo à subvenção.

CONCLUSÕES

42. Assinale-se, contudo, que, mesmo nas hipóteses em que a subvenção é veiculada mediante contrato administrativo, não se reconhece ao ente subvencionador a prerrogativa de alterar unilateralmente a relação subvencional.

43. Do entendimento de que a subvenção gera um direito adquirido em favor do subvencionado segue-se, inelutavelmente, a conclusão de que o ente subvencionador não pode revogá-la.

44. À vista da natureza ampliativa da subvenção, se o subvencionado não concorrer para o vício, estando de boa-fé, eventual invalidação, por força do subprincípio da confiança legítima, projeta seus efeitos *ex nunc*.

45. No que tange à devolução dos recursos públicos em virtude da cassação da subvenção, ganha relevo a classificação das subvenções segundo o critério do dever imposto ao seu beneficiário. Assim, se subvenção de atividade, a devolução compreende apenas os valores não empregados ou utilizados em finalidade distinta da prevista no ato ou contrato; se subvenção de resultado, ao subvencionado cumpre a devolução de toda a soma que percebeu, dada a completa frustração do objetivo que justificou a concessão do benefício.

46. No contexto do Direito Administrativo, diferentemente do Direito Financeiro, enquadram-se como subvenções tanto os recursos financeiros voltados a investimentos quanto aqueles destinados a despesas de custeio das entidades subvencionadas.

47. A subvenção, dada a sua genética afetação à realização de atividades de interesse público, não pode ser desviada para a satisfação de créditos de terceiros.

REFERÊNCIAS BIBLIOGRÁFICAS

ABE, Nilma de Castro. *Gestão do patrimônio público imobiliário*, 2ª ed. Belo Horizonte: Fórum, 2013.

ADRI, Renata Porto. *O planejamento da atividade econômica como dever do Estado*. Belo Horizonte: Fórum, 2010.

AFONSO DA SILVA, José. *Curso de Direito Constitucional Positivo*, 37ª ed. São Paulo: Malheiros, 2014.

_____. *Orçamento-programa no Brasil*. São Paulo: RT, 1973.

ALBI, Fernando. *Tratado de los modos de gestión de las corporaciones locales*. Madri: Aguilar, 1960.

ALESSI, Renato. *Principi di Diritto Amministrativo*. Milão: Giuffré, 1966.

ALMEIDA PRADO, Francisco Octavio. *Improbidade administrativa*. São Paulo: Malheiros, 2011.

ANDRADE DE OLIVEIRA, Fernando. Conceituação do Direito Administrativo. *Revista de Direito Administrativo*, 121: 16-57.

ALBINO DE SOUZA, Washington. *Teoria da Constituição Econômica*. Belo Horizonte: Del Rey, 2002.

ALPA, Guido. Sulla nozione di prezzo. *In*: ALPA, Guido; BRESSONE, Mario; ROPPO, Enzo. *Rischio contrattuale e autonomia privata*. Nápoles: Jovene Editore Napoli, 1982.

RAFAEL VALIM

AMATUCCI, Andrea. *L'interpretazione della norma di Diritto Finanziario.* Nápoles: 1965.

AMSELEK, Paul. *Études de droit public.* Paris: Éditions Panthéon Assas, 2009.

ARAGÃO, Alexandre Santos de. *Direito dos serviços públicos*, 3ª ed. Rio de Janeiro: Forense, 2013.

ARANGUREN, Juan-Cruz Alli. *Derecho Administrativo y globalización.* Madri: Civitas, 2004.

ARIÑO ORTIZ, Gaspar. *Principios de derecho público económico: modelo de Estado, gestión pública, regulación económica.* Bogotá: Universidad Externado de Colombia, 2003.

ARMIJO, Antonio Bueno. *El concepto de subvención en el Derecho Administrativo español.* Bogotá: Universidad Externado, 2013.

ATAÍDE, Augusto de. *Elementos para um curso de direito administrativo da economia.* Lisboa: Centro de Estudos Fiscais da Direção-Geral das Contribuições e Impostos, 1970.

ATALIBA, Geraldo. *Subvenção municipal a empresas, como incentivo à industrialização: a impropriamente designada "devolução do ICM"*, Revista dos Tribunais, 414: 43-46.

_____. Isenção e subvenção. *Distinção entre os institutos. Irretroatividade da lei. Direito adquirido*, Revista dos Tribunais, 508:49-62.

_____; BANDEIRA DE MELLO, Celso Antônio. Subvenções. Natureza jurídica. Não se confundem com isenções. Irretroatividade da lei. Direito adquirido não gozado. *Revista de Direito Público*, 20: 85-100.

_____. Normas gerais de Direito Financeiro. *Revista de Direito Administrativo*, 82: 39-60.

ATALIBA NOGUEIRA, José Carlos de. Subvenção a instituições religiosas e a Constituição Federal de 1946. *Revista da Faculdade de Direito da Universidade de São Paulo*, 56: 164-171.

AVELÃ NUNES, António José. *A crise atual do capitalismo: capital financeiro, neoliberalismo e globalização.* São Paulo: RT, 2012.

162

REFERÊNCIAS BIBLIOGRÁFICAS

ÁVILA, Humberto B. Natureza jurídica da contraprestação pecuniária recebida em contrato de parceria público-privada. Subvenção para investimento. Não incidência dos impostos sobre a renda e prestação de serviços e das contribuições sobre receita e sobre o lucro. *Revista Dialética de Direito Tributário*, v. 192, p. 169-175.

AYMERICH CANO, Carlos I. *Ayudas públicas y Estado Autonómico*. La Coruña: Universidade da Coruña, 1994.

BACELLAR FILHO, Romeu Felipe. *Direito Administrativo e o novo Código Civil*. Belo Horizonte: Fórum, 2007.

_____. *Reflexões sobre Direito Administrativo*. Belo Horizonte: Fórum, 2009.

BAENA DE ALCÁZAR, Mariano. Sobre el concepto de fomento, *Revista de Administración Pública*, 54:43-85.

BALLESTEROS, Manuel Alberto Montoro. Ideologías y fuentes del derecho. *Revista de estudios políticos*, n. 40, 1984, p. 59-84.

BANDEIRA DE MELLO, Celso Antônio. *Curso de Direito Administrativo*, 31ª ed. São Paulo: Malheiros, 2014.

_____. *Conteúdo jurídico do princípio da igualdade*, 3ª ed. São Paulo: Malheiros, 2014.

_____. *Discricionariedade e controle jurisdicional*, 2ª ed. São Paulo: Malheiros, 2003.

_____. *Prestação de serviços públicos e administração indireta, 2ª ed*. São Paulo: RT, 1983.

_____. *Ato administrativo e direito dos administrados*. São Paulo: Malheiros, 1981.

_____. *Natureza e regime jurídico das autarquias*. São Paulo: Revista dos Tribunais, 1968.

_____. Direito adquirido e o Direito Administrativo. *Revista Trimestral de Direito Público*, São Paulo: Malheiros, 24:54-62.

_____. Direito adquirido proporcional. *Revista Trimestral de Direito Público*. São Paulo: Malheiros, 36:18-23.

RAFAEL VALIM

_____. Direito adquirido e Direito Administrativo, *Revista Trimestral de Direito Público*, 44: 5-17.

_____. A estabilidade dos atos administrativos. *Revista Trimestral de Direito Público*, 48: 77-83.

_____. Responsabilidade do Estado por intervenção na esfera econômica, *Revista de Direito Público*, 64: 75-83.

_____. Responsabilidade do Estado – Intervencionismo econômico – Administração "concertada", *Revista de Direito Público*, 81: 109-116.

_____; ATALIBA, Geraldo. Subvenções. Natureza jurídica. Não se confundem com isenções. Irretroatividade da lei. Direito adquirido não gozado, *Revista de Direito Público*, 20: 85-100.

_____. O conceito de normas gerais no Direito Constitucional brasileiro. *Interesse público – IP*, n. 66, mar./abr. 2011.

_____. Admissibilidade de aplicação de subsídio tarifário para recomposição de equilíbrio econômico-financeiro de contrato de concessão ou permissão de transporte coletivo de passageiros: inaplicabilidade da Lei de Mobilidade Urbana a contratos de concessão ou permissão celebrados antes do início de sua vigência. *Revista Brasileira de Infraestrutura – RBINF*, 6: 197-204.

_____. Impenhorabilidade dos bens das empresas estatais exercentes de atividades públicas. *Revista Trimestral de Direito Público*, 31: 19-25.

BANDEIRA DE MELLO, Oswaldo Aranha. *Princípios Gerais de Direito Administrativo*, vol. I, 3ª ed. São Paulo: Malheiros, 2007.

_____. *Da licitação*. São Paulo: José Bushatsky, 1978.

_____. Aspecto jurídico-administrativo da concessão de serviço público. *Revista de Direito Administrativo*, 26: 1-18.

BARACHO, José Alfredo de Oliveira. O princípio da subsidiariedade: conceito e evolução. *In:* CAMARGO, Ricardo Antônio Lucas (Coord.) *Desenvolvimento econômico e intervenção no Estado na ordem constitucional: estudos jurídicos em homenagem ao Professor Washington Peluso Albino de Souza*. Porto Alegre: Sergio Antonio Fabris Editor, 1995.

BARROS MONTEIRO, Washington de. *Das modalidades de obrigações*. São Paulo: 1959.

REFERÊNCIAS BIBLIOGRÁFICAS

BARROSO, Luís Roberto; MENDONÇA, Eduardo. O sistema constitucional orçamentário. *In:* MARTINS, Ives Gandra da Silva; MENDES, Gilmar Ferreira;VALDER DO NASCIMENTO, Carlos (Coord.). *Tratado de Direito Financeiro*, vol. 1. São Paulo: Saraiva, 2013.

BATISTA, Joana Paula. *Remuneração dos serviços públicos.* São Paulo: Malheiros, 2005.

BECKER, Alfredo Augusto. *Teoria geral do Direito Tributário*, 6ª ed. São Paulo: Noeses, 2013.

BÉNOIT, Francis-Paul. *Le Droit Administratif Français.* Paris: Dalloz, 1968.

BENTHAM, Jeremy. *Théorie des peines et des récompenses*, t. II, 2ª ed. Paris: Bossange et Masson, 1818.

BERMEJO VERA, José. *Derecho Administrativo: parte especial*, 7ª ed. Madri: Civitas, 2009.

BERCOVICI, Gilberto. *Soberania e Constituição: para uma crítica do constitucionalismo*, 2ª ed. São Paulo: Quartier Latin, 2013.

_____. *Direito Econômico do petróleo e dos recursos naturais.* São Paulo: Quartier Latin, 2011.

_____. Planejamento e políticas públicas: por uma nova compreensão do papel do Estado. *In:* BUCCI, Maria Paula Dallari (Coord.). *Políticas públicas: reflexões sobre o conceito jurídico.* São Paulo: Saraiva, 2006.

_____. *Constituição Econômica e desenvolvimento: uma leitura a partir da Constituição de 1988.* São Paulo: Malheiros, 2005.

BEZNOS, Clóvis. *Poder de Polícia.* São Paulo: Revista dos Tribunais, 1979.

BOBBIO, Norberto. *Da estrutura à função: novos estudos de teoria do direito.* Barueri: Manole, 2007.

_____. *Teoria geral do Direito.* São Paulo: Martins Fontes, 2007.

_____. *O futuro da democracia.* 6. ed. Rio de Janeiro: Paz e Terra, 1997.

_____; MATTEUCCI, Nicola; PASQUINO, Gianfranco. *Dicionário de Política*, vol. I, 13ª ed. Brasília: Editora Universidade de Brasília, 2010.

BONAVIDES, Paulo. *Do país constitucional ao país neocolonial: a derrubada da Constituição e a recolonização pelo golpe de Estado institucional*, 3ª ed. São Paulo: Malheiros, 2004.

BORGES, José Souto Maior. Subvenção financeira, isenção e dedução tributárias. *Revista de Direito Público*, 41-42: 43-54.

BOSI, Alfredo. *Ideologia e contraideologia: temas e variações*. São Paulo: Companhia das Letras, 2010.

BOULDING, Kenneth E. *The economy of love and fear: a preface to grants economics.* Belmont: Wadsworth, 1973.

BOURGET, Renaud. *La science juridique et el droit financier et fiscal: étude historique et comparative du développement de la science juridique fiscal (fin XX^c et XX^c siècles)*. Paris: Dalloz, 2002.

CABRAL DE MONCADA, Luís S. A subsidiariedade nas relações do Estado com a economia e a revisão constitucional. *In:* MIRANDA, Jorge (Coord.). *Estudos em homenagem ao Prof. Doutor Joaquim Moreira da Silva Cunha*. Lisboa: Faculdade de Direito da Universidade de Lisboa, 2005.

_____. *Direito Económico*, 5ª ed. Coimbra: Coimbra Editora, 2007.

_____. *A relação jurídica administrativa: para um novo paradigma de compreensão da actividade, da organização e do contencioso administrativos*. Coimbra: Coimbra Editora, 2009.

CAJARVILLE PELUFFO, Juan Pablo. *Sobre Derecho Administrativo*, t. II, 3ª ed, Montevidéu, 2012, p. 83-119.

CALDERÓN, Maximiliano Rafael; ELLERMAN, Ilse. La ideología y axiología de la Constitución Argentina: *Revista Telemática de Filosofía del Derecho*, 6: 119-135.

CARRIÓ, Genaro R. *Notas sobre derecho y lenguaje*, 4ª ed. Buenos Aires: Abeledo-Perrot, 1994.

CARULLO, Antonio. *Lezioni di Diritto Pubblico dell'economia*, 3ª ed. Padova: CEDAM, 2005.

CARVALHO FILHO, José dos Santos. *Processo administrativo federal: comentários à Lei n. 9.784/1999*, 5ª ed. São Paulo: Atlas, 2013.

REFERÊNCIAS BIBLIOGRÁFICAS

CASSAGNE, Juan Carlos. Las relaciones inter-administrativas. *Revista Chilena de Derecho*, 2: 223-231.

_____ (Coord.). *Derecho Administrativo: obra colectiva en homenaje al profesor Miguel S. Marienhoff*. Buenos Aires: Abeledo-Perrot, 1998.

_____. *Derecho Administrativo*, 7ª ed. Buenos Aires: Abeledo-Perrot, 2002.

CASTILLO BLANCO, Federico A. La actividad de fomento: evolución histórica y tratamento constitucional. *In:* SANAGUSTÍN, Mario Garcés; OLMEDA, Alberto Palomar (Coord.). *Derecho de las subvenciones y ayudas públicas*. Madri: Arazandi, 2011.

CHEVALLIER, Jacques. *Le service public*, 3ª ed. Paris: PUF, 1994.

_____. *Science administrative*, 4ª ed. Paris: PUF, 2007.

CHOMSKY, Noam. *O lucro ou as pessoas: neoliberalismo e ordem global*, 4ª ed. Rio de Janeiro: Bertrand Brasil, 2004.

CHRISTOPOULOS, Basile. *Despesa pública: estrutura, função e controle judicial*. Maceió: EDUFAL, 2011.

CINTRA DO AMARAL, Antônio Carlos. *O Positivismo jurídico*. Belo Horizonte: Fórum, 2010.

_____. *Concessão de serviços públicos: novas tendências*. São Paulo: Quartier Latin, 2012.

CIPPITANI, Roberto. *La sovvenzione come rapporto giuridico*. Perugia: Università degli Studi di Perugia, 2013.

COELHO, Eduardo Junqueira; COÊLHO, Sacha Calmon. Parceria público-privada e o aporte de recursos pelo Poder Público: crítica ao tratamento tributário conferido pela MP no 575/2012. *In:* BICALHO, Alécia Paolucci Nogueira; DIAS, Maria Tereza Fonseca (Coord.). *Contratações públicas: estudos em homenagem ao Professor Carlos Pinto Coelho Motta*. Belo Horizonte: Fórum, 2013.

COLSON, Jean-Philippe; IDOUX, Pascale. *Droit Public Économique*, 6ª ed. Paris: LGDJ, 2012.

COMPARATO, Fábio Konder. *A civilização capitalista*. São Paulo: Saraiva, 2013.

RAFAEL VALIM

_____. *A afirmação histórica dos direitos humanos*, 5ª ed. São Paulo: Saraiva, 2007.

_____. Ensaio sobre o juízo de inconstitucionalidade de políticas públicas. *Revista de Informação Legislativa*, 138: 39-48.

_____. A organização constitucional da função planejadora. *In:* CAMARGO, Ricardo Antônio Lucas (Coord.). *Desenvolvimento econômico e intervenção no Estado na ordem constitucional: estudos jurídicos em homenagem ao Professor Washington Peluso Albino de Souza*. Porto Alegre: Sergio Antonio Fabris Editor, 1995.

_____. Obrigações de meios, de resultado e de garantia. *Revista dos Tribunais*, 386: 26-35.

_____. A ordem econômica na Constituição brasileira de 1988. *Revista de Direito Público*, 93: 263-276.

CONTI, José Maurício (Coord.). *Orçamentos públicos: a Lei 4.320/1964 comentada*, 3ª ed. São Paulo: RT, 2014.

COPI, Irving M. *Introdução à lógica*, 3ª ed. São Paulo: Mestre Jou, 1981.

COSCIANI, Cesare. *Principii di scienza dele finanze*. Turim: Unione Tipografico-Editrice Torinese, 1953.

COSTA, Regina Helena. *Praticabilidade e justiça tributária: exequibilidade de lei tributária e direitos do contribuinte*. São Paulo: Malheiros, 2007.

COUTO E SILVA, Almiro do. Poder discricionário no Direito Administrativo brasileiro. *Boletim de Direito Administrativo*, 7: 227-237.

_____. Problemas jurídicos do planejamento. *Revista de Direito Administrativo*, 170: 1-17.

COUTO E SILVA, Clóvis V. do. *A obrigação como processo*. Rio de Janeiro: Editora FGV, 2006.

CRIADO, David Blanquer. *La concesión de servicio público*. Valencia: Tirant lo Blanch, 2012.

CUESTA, Rodrigo. *La subvención*. Buenos Aires: Abeledo-Perrot, 2012.

COLSON, Jean-Philippe; IDOUX, Pascale. *Droit public économique*, 6ª ed. Paris: LGDJ, 2012.

REFERÊNCIAS BIBLIOGRÁFICAS

COVIELLO, Pedro José Jorge. La denominada "zona de reserva de administración" y el principio de la legalidad administrativa. *In:* CASSAGNE, Juan Carlos (Coord.). *Derecho Administrativo: obra colectiva en homenaje al profesor Miguel S. Marienhoff.* Buenos Aires: Abeledo-Perrot, 1998.

CUADROS, Oscar A. Los contratos interadministrativos en el régimen actual. *In: Cuestiones de contratos administrativos en homenaje a Julio Rodolfo Comadira.* Buenos Aires: Rap, 2007.

DAINTITH, Terence (Coord.). *Law as an instrument of economic policy: comparative and critical approaches.* Berlim: De Gruyter, 1987.

DALLARI, Adilson Abreu. Credenciamento. *In:* BANDEIRA DE MELLO, Celso Antônio (Coord.). *Estudos em homenagem a Geraldo Ataliba, v. 2.* São Paulo: Malheiros, 1997.

DAL POZZO, Augusto Neves. *Aspectos fundamentais do serviço público no direito brasileiro.* São Paulo: Malheiros, 2012.

DALTON, Hugh. *Principles of public finance.* Nova Deli: Allied Publishers, 2004.

DAROCA, Eva Desdentado. *El precario administrativo.* Pamplona: Arazandi, 1999.

DE LA CUETARA, Juan Miguel. *La actividad de la Administración.* Madri: Tecnos, 1983.

DE LA RIVA, Ignacio M. *Ayudas públicas: incidência de la intervención estatal en el funcionamento del mercado.* Hammurabi: Buenos Aires, 2004.

_____. La subvención: ¿acto unilateral o contrato administrativo? *Revista de Derecho Público, Contratos Administrativos,* 2007-1. Rubinzal-Culzoni: Buenos Aires, 2007, p. 455-470.

_____. La figura del fomento: necesidad de encarar una revisión conceptual. *In: Servicio público, policía y fomento.* Buenos Aires: Ediciones RAP, 2004, p. 413-422.

DERZI, Misabel de Abreu Machado. *Direito Tributário, Direito Penal e tipo,* 2ª ed. São Paulo: Revista dos Tribunais, 2007.

_____; NAVARRO COÊLHO, Sacha Calmon; COELHO, Eduardo Junqueira; LOBATO, Valter de Souza. Da imunidade das subvenções para investimento nas parcerias público-privadas. *In:* ROCHA, Valdir de Oliveira

(Coord.). *Grandes questões atuais do Direito Tributário, 18º volume*. São Paulo: Dialética, 2014.

DIAS, Maria Tereza Fonseca. O chamamento público para a seleção de entidades do terceiro setor e a realização de convênios: legalidade, obrigatoriedade, procedimento e propostas de reformulação. *In:* BICALHO, Alécia Paolucci Nogueira; DIAS, Maria Tereza Fonseca (Coord.). *Contratações públicas: estudos em homenagem ao Professor Carlos Pinto Coelho Motta*. Belo Horizonte: Fórum, 2013.

DÍAZ LEMA, José Manuel. *Subvenciones* y crédito oficial en España. Madri: Instituto de Estudios Fiscales, 1985.

DIEZ, Manuel M. – HUTCHINSON, Tomás, Caracteres jurídicos de la subvención, *Contratos administrativos, Contratos especiales, t. II*, Asociación Argentina de Derecho Administrativo, Buenos Aires, 1982.

DÍEZ-PICAZO, Luis. La doctrina del precedente administrativo. *Revista de Administración Pública*, 98: 7-46.

DÍEZ SASTRE, Silvia. El precedente administrativo: concepto y efectos jurídicos. *In:* VALIM, Rafael; DAL POZZO, Augusto Neves; OLIVEIRA, José Roberto Pimenta (Coord.). *Tratado sobre o princípio da segurança jurídica no Direito Administrativo*. Belo Horizonte: Fórum, 2013.

DROMI, Roberto. *Derecho Administrativo*, 4ª ed. Buenos Aires: 1995.

_____. *Administración territorial y economia: la provincia, la región y el municipio en Argentina*. Madri: Instituto de Estudios de Administración Local, 1983.

DUGUIT, León. *Les transformations du Droit Public*. Paris: Librairie Armand Colin, 1913.

DURÁN MARTÍNEZ, Augusto. El precedente administrativo. *In:* RODRÍGUEZ-ARANA MUÑOZ, Jaime; SENDÍN GARCÍA, Miguel Ángel; PÉREZ HUALDE, Alejandro et al. (Coords.). *Fuentes del Derecho Administrativo: tratados internacionales, contratos como regla de derecho, jurisprudência, doctrina y precedente administrativo*. Buenos Aires: RAP, 2010.

EISENMANN, Charles. *Cours de Droit Administratif*, t. II.Paris: LGDJ, 1983

ENEI, José Virgílio Lopes; FREIRE, André Luiz. Concessão comum subsidiada e PPPs. *Revista Brasileira de Infraestrutura – RBINF*, 1:135-143.

REFERÊNCIAS BIBLIOGRÁFICAS

ENGISCH, Karl. *La idea de concreción en el Derecho y en la Ciencia Jurídica actuales.* Granada: Comares, 2004.

EPRON, Quentin. Les contrats de subvention. *Revue du droit public et de la science politique en France et à l'*Étranger, 1: 63-80.

ESCOLA, Héctor Jorge. *Compendio de Derecho Administrativo,* vol. II. Buenos Aires: Depalma, 1990.

FAGUNDES, Seabra. O princípio constitucional da igualdade perante a lei e o Poder Legislativo. *Revista de Direito Administrativo,* 41: 1-12.

FALZONE, Guido. *Le obbligazioni dello Stato.* Milão: Giuffrè, 1960.

FANELLI EVANS, Guillermo E. Las subvenciones en las concessiones de obras y de servicios públicos. *In:* CASSAGNE, Juan Carlos (Coord.). *Derecho Administrativo: obra colectiva en homenaje al profesor Miguel S. Marienhoff.* Buenos Aires: Abeledo-Perrot, 1998.

FARRERES, Germán Fernández. *La subvención: concepto y régimen jurídico.* Madri: Instituto de Estudios Fiscales, 1983.

_____ (Coord.). *Comentario a la Ley general de subvenciones.* Madri: Civitas, 2005.

_____. La actividad de fomento. *In:* CANO CAMPOS, Tomás (coord.). *Lecciones y materiales para el estudio del Derecho Administrativo,* tomo III. Madri: Iustel, 2009.

_____. Aspectos diferenciales entre las subvenciones y las medidas de fomento económico. *Revista Española de la Función Consultiva,* 13: 31-81.

FAURE, Albert. *Les subventions de l'*État *aux Communes.* Paris: Éditions Berger-Levrault, 1954.

FERRAZ, Sérgio; DALLARI, Adilson Abreu. *Processo administrativo,* 3ª ed. São Paulo: Malheiros, 2012.

FIGUEIREDO, Lúcia Valle. *Curso de Direito Adminstrativo,* 9ª ed. São Paulo: Malheiros, 2008.

FIORAVANTI, Maurizio. *Constitución: de la antigüedad a nuestros días.* Madri: Trotta, 2011.

RAFAEL VALIM

FONSECA PIRES, Luis Manuel. *Limitações administrativas à liberdade e à propriedade*. São Paulo: Quartier Latin, 2006.

FORSTHOFF, Ernst. *Stato di Diritto in transformazione*. Milão: Giuffrè, 1973.

_____. *Tratado de Derecho Administrativo*. Madri: Instituto de Estudios Políticos, 1958.

FORTSAKIS, Théodore. *Conceptualisme et empirisme en Droit Administratif français*. Paris: LGDJ, 1987.

FRANCO JÚNIOR, Raul de Mello. *Alienação de bem público*. São Paulo: RT, 2011.

FREIRE, André Luiz. Responsabilidade patrimonial na atividade administrativa de fomento. *In:* SPARAPANI, Priscilia; ADRI, Renata Porto (coords.) *Intervenção do Estado no domínio econômico e no domínio social: homenagem ao Professor Celso Antônio Bandeira de Mello*. Belo Horizonte: Fórum, 2010.

_____. *O regime de Direito Público na prestação de serviços públicos por pessoas privadas*. São Paulo: Malheiros, 2014.

FREITAS, Juarez. *Direito fundamental à boa administração pública*, 3ª ed. São Paulo: Malheiros, 2014.

_____. PPPs: natureza jurídica. *In:* CARDOZO, José Eduardo Martins; QUEIROZ, João Eduardo Lopes; SANTOS, Márcia Walquíria Batista dos (Coord.). *Curso de direito administrativo econômico, v. 1*. São Paulo: Malheiros, 2006.

FROMONT, Michel. State aids: their field of operation and legal regime. *In:* DAINTITH, Terence (Coord.). *Law as an instrument of economic policy: comparative and critical approaches*. Berlim: De Gruyter, 1987.

FURTADO, Celso. Os desafios da nova geração. *In: Revista de Economia Política*, vol. 24, n. 4.

GABARDO, Emerson. *Interesse público e subsidiariedade: o Estado e a sociedade para além do bem e do mal*. Belo Horizonte: Fórum, 2009.

_____. *Princípio constitucional da eficiência administrativa*. São Paulo: Dialética, 2002.

GALDINO, Elza. *Estado sem Deus: a obrigação da laicidade na Constituição*. Belo Horizonte: Del Rey, 2006.

REFERÊNCIAS BIBLIOGRÁFICAS

GAMA,Tácio Lacerda. *Contribuição de intervenção no domínio econômico*. São Paulo: Quartier Latin, 2003.

GARCÍA DE ENTERRÍA, Eduardo. Sobre la naturaleza de las tasas y las tarifas de los servicios públicos. *Revista de Administración Pública*, 12: 129-157.

GARCÍA-PELAYO, Manuel. *As transformações do Estado contemporâneo*. Rio de Janeiro: Forense, 2009.

GARCIA VITTA, Heraldo. *A sanção do Direito Administrativo*. São Paulo: Malheiros, 2003.

_____. *Poder de Polícia*. São Paulo: Malheiros, 2010.

GARRIDO FALLA, Fernando. *Tratado de Derecho Administrativo*, 10ª ed. Madri: Tecnos, 1992.

_____. La idea de fomento en el Profesor Jordana de Pozas. *In: Don Luis Jordana de Pozas: creador de ciencia administrativa*. Madri: Universidad Complutense, 2000.

GAUDEMET, Yves. *Droit Administratif*, 20ª ed. Paris: LGDJ, 2012.

GIMENO FELIÚ, José M. Legalidad, transparencia, control y discrecionalidad en las medidas de fomento del desarrollo económico (ayudas y subvenciones), *Revista de Administración Pública*, 137: 147-188.

GINER, Luis Alfonso Martínez. *El reintegro de subvenciones públicas*. Madri: Iustel, 2006.

_____; FAURE, Amparo Navarro (Coord.). *Régimen jurídico-financiero de las subvenciones públicas*. Valencia: Tirant lo Blanch, 2010.

GOMES, Emerson César da Silva. Da contabilidade. *In:* CONTI, José Maurício (Coord.). *Orçamentos públicos: a Lei 4.320/1964 comentada*, 3ª ed. São Paulo: RT, 2014.

GONÇALVES, Pedro António Pimenta da Costa. *Entidades privadas com poderes públicos: o exercício de poderes públicos de autoridade por entidades privadas com funções administrativas*. Coimbra: Almedina, 2008.

GORDILLO, Agustín. *Tratado de Derecho Administrativo*, 5ª ed. Belo Horizonte: Del Rey, 2003.

RAFAEL VALIM

_____. *Planificación, participación y libertad en el processo de cambio*. Buenos Aires: Ediciones Macchi, 1973.

GOTTI, Piero. *Gli atti amministrativi dichiarativi: aspetti sostanziali e profili di tutela*. Milão: Giuffrè, 1996.

GRAU, Eros Roberto. *A ordem econômica na Constituição de 1988: interpretação e crítica*, 13ª ed. São Paulo: Malheiros, 2008.

_____. *Planejamento econômico e regra jurídica*. São Paulo: RT, 1978.

GROTTI, Dinorá Adelaide Musetti. *O serviço público e a Constituição de 1988*. São Paulo: Malheiros, 2003.

_____. Parcerias na Administração Pública. *In:* CARDOZO, José Eduardo Martins; QUEIROZ, João Eduardo Lopes; SANTOS, Márcia Walquiria Batista dos. *Direito administrativo econômico*. São Paulo: Atlas, 2011.

GRECCO, Carlos M.; MUÑOZ, Guillermo A. *La precariedad en los permisos, autorizaciones, licencias y concessiones*. Buenos Aires: Depalma, 1992.

GUIMARÃES, Fernando Vernalha. *Parceria Público-Privada*, 2ª ed. São Paulo: Saraiva, 2013.

GUTIÉRREZ COLANTUONO, Pablo Ángel. *Administración pública, juridicidad y derechos humanos*. Buenos Aires: Abeledo-Perrot, 2009.

HACHEM, Daniel Wunder. A noção constitucional de desenvolvimento para além do viés econômico: reflexos sobre algumas tendências do Direito Público brasileiro. *A&C – Revista de Direito Administrativo & Constitucional*, Belo Horizonte, ano 13, n. 53, jul./set. 2013. Disponível em: <http://www.bidforum.com.br/bid/PDI0006.aspx?pdiCntd=97395>. Acesso em: 4 mar. 2014.

_____.Vinculação da Administração Pública aos precedentes administrativos e judiciais: mecanismo de tutela igualitária dos direitos fundamentais. *In:* BLANCHET, Luiz Alberto; HACHEM, Daniel Wunder; SANTANO, Ana Claudia. *Estado, direito e políticas públicas: homenagem ao professor Romeu Felipe Bacellar Filho*. Curitiba: Ithala, 2014.

HARB, Karina Houat. *A revisão na concessão comum de serviço público*. São Paulo: Malheiros, 2012.

REFERÊNCIAS BIBLIOGRÁFICAS

HELLER, Hermann. *Teoría del Estado*. México: Fondo de Cultura Económica, 2010.

HERTZOG, Robert. Linéament d'une théorie des subventions, *Revue française des finances publiques*, 23: 5-45.

HORÁCIO. *Arte poética*, 4ª ed. Portugal: Inquérito, 2001.

HOURSON, Sébastien. Quand le principe d'égalité limite l'exercice du pouvoir discrétionnaire: le précédent administratif. *Revue Française de Droit Administratif*, n. 4, jul./ago. 2013.

HUTCHINSON, Tomás, Apuntes acerca de la naturaleza jurídica de la subvención. *In: Obligaciones y contratos en los albores del siglo XXI. Homenaje al profesor doctor Roberto M. López Cabana*. Buenos Aires: Abeledo-Perrot, 2001.

IBLER, Martin. Derecho Administrativo como Derecho Constitucional concretizado. *Respublica*, n. 2.

IPSEN, Hans Peter. Cuestiones sobre un derecho de la planificación económica. *In: KAISER, Joseph H (Coord.). Planificación – I: estúdios jurídicos y económicos*. Madri: Instituto de Estudios Administrativos, 1974.

JESCH, Dietrich. *Ley y administración: estúdio de la evolución del principio de la legalidad. Madri*: Instituto de Estudios Administrativos, 1978.

JORDANA DE POZADAS, Luis. Ensayo de una teoria del fomento en el Derecho Administrativo, *Revista de Estudios Políticos*, 48:41-54.

JUSTEN FILHO, Marçal; JORDÃO, Eduardo Ferreira. A contratação administrativa destinada ao fomento de atividades de interesse coletivo. *Revista Brasileira de Direito Público – RBDP*, Belo Horizonte, ano 9, n. 34, jul./set. 2011.

_____. *Teoria geral das concessões de serviço público*. São Paulo: Dialética, 2003.

_____. *Comentários à lei de licitações e contratos administrativos*, 16ª ed. São Paulo: RT, 2014.

_____. Contornos da atividade de fomento no Direito Administrativo brasileiro: novas tendências. *In:* BANDEIRA DE MELLO, Celso Antônio; FERRAZ, Sérgio; FERREIRA DA ROCHA, Silvio Luís; SAAD, Amauri

RAFAEL VALIM

Feres (Coord.). *Direito Administrativo e liberdade: estudos em homenagem a Lúcia Valle Figueiredo*. São Paulo: Malheiros, 2014.

KELSEN, Hans. *Teoria pura do direito*, 8ª ed. São Paulo: Martins Fontes, 2009.

KONDER, Leandro. *A questão da ideologia*. São Paulo: Companhia das Letras, 2002.

LAFUENTE BENACHES, María Mercedes. Las ayudas económicas a la cinematografía española, *Revista de Administración Pública*, 124: 379-395.

LARICCIA, Sergio. I provedimmenti atributivi di vantaggi economici. In: SANDULLI, Maria Alessandra (Coord.). *Codice dell'azione amminitrativa*. Milão: Giuffrè, 2011.

LAVAL, Cristian; DARDOT, Pierre. *La nueva razón del mundo: ensayo sobre la sociedad neoliberal*. Barcelona: Gedisa, 2013.

LE ROY, Marc. Récupérer une aide publique. *Revue du droit public et de science politique en France et à l'Étranger*, 4: 1007-1025.

LEONARDO, Rodrigo Xavier. *Associações sem fins econômicos*. São Paulo: RT, 2014.

LINOTTE, Didier; ROMI, Raphaël. *Droit public économique*, 7ª ed. Paris: LexisNexis, 2012.

LÖWY, Michael. *Ideologias e ciência social: elementos para uma análise marxista*, 19ª ed. São Paulo: Cortez, 2010.

LUBRANO, Benedetta. *Le sovvenzioni nel diritto amministrativo (Profili teorici ed evoluzione storica nel contesto del diritto europeo)*. Tese (doutorado). Universidade de Bologna, 2007.

LUENGO, Javier García. *El reintegro de subvenciones*. Madri: Civitas, 2010.

MACHADO, Hugo de Brito (coord.). *Regime jurídico dos incentivos fiscais*. São Paulo: Malheiros, 2015.

MACHMAR, William García. *La subvención en el Derecho Administrativo*. Santiago: Librotecnia, 2011.

MAGALHÃES, Gustavo Alexandre. *Convênios administrativos: aspectos polêmicos e análise crítica de seu regime jurídico*. São Paulo: Atlas, 2012.

REFERÊNCIAS BIBLIOGRÁFICAS

MAGNASCO, Sebastián López. *Garantía constitucional de la no discriminación económica*. Santigo do Chile: Editorial Jurídica de Chile, 2006.

MAIOR BORGES, José Souto. Subvenção financeira, isenção e dedução tributárias, *Revista de Direito Público*, 41-42: 43-54.

MALJAR, Daniel Edgardo. *Intervención del Estado en la prestación de servicios públicos*. Buenos Aires: Hammurabi, 1998.

MANNHEIM, Karl. *Ideologia e utopia*, 2ª ed. Rio de Janeiro: Zahar Editores, 1972.

MANZELLA, Gian Paolo. Gli ausili finanziari. *In:* CASSESE, Sabino (Coord.) *Tratatto di Diritto Amministrativo*, t. 4, 2ª ed. Milão: Giuffrè, 2003.

MARQUES NETO, Floriano Azevedo. *Bens públicos: função social e exploração econômica: o regime jurídico das utilidades públicas*. Belo Horizonte: Fórum, 2009.

MARINHO DE CARVALHO, Gustavo. *Precedentes administrativos no Direito brasileiro*. São Paulo: Contracorrente, 2015.

MARRARA, Thiago; NOHARA, Irene Patrícia. *Processo administrativo: Lei n. 9.784/99 comentada*. São Paulo: Atlas, 2009.

MARTÍNEZ, Eloy Lares. *Manual de Derecho Administrativo*, 5ª ed. Caracas: Universidad Central de Venezuela, 1983.

MARTÍNEZ LÓPEZ-MUÑIZ, José Luis. La actividad administrativa dispensadora de ayudas y recompensas: una alternativa conceptual al fomento en la teoria de los modos de acción de la Administración pública. *In:* MORANT, Rafael Gómez-Ferrer (Coord.). *Libro homenaje al profesor José Luis Villar Palasi*. Madri: Civitas, 1989.

MARTINS, Daniel Hugo. *Introducción al Derecho Administrativo: fundamentos históricos, políticos, filosóficos y jurídicos*. Montevidéu: Fundación de Cultura Universitaria, 1982.

MARTINS, Margarida Salema d'Oliveira. *O princípio da subsidiariedade em perspectiva jurídico-política*. Coimbra: Coimbra Editora, 2003.

MARTINS, Ricardo Marcondes. *Regulação administrativa à luz da Constituição Federal*. São Paulo: Malheiros, 2011.

_____. Natureza jurídica das organizações sociais e das organizações da sociedade civil de interesse público. *In:* SPARAPANI, Priscilia; ADRI, Renata Porto (Coord.). *Intervenção do Estado no domínio econômico e social: homenagem ao Professor Celso Antônio Bandeira de Mello.* Belo Horizonte: 2010.

_____. Convalidação legislativa. *In:* VALIM, Rafael; OLIVEIRA, José Roberto Pimenta; DAL POZZO, Augusto Neves (Coord.). *Tratado sobre o princípio da segurança jurídica no Direito Administrativo.* Belo Horizonte: 2013.

MAURER, Hartmut. *Direito Administrativo geral*, 14ª ed. Barueri: Manole, 2006.

MAZZA, Alexandre. *A relação jurídica de Administração Pública.* São Paulo: Saraiva, 2012.

MEDAUAR, Odete. *Direito Administrativo Moderno*, 16ª ed. São Paulo: Revista dos Tribunais, 2012.

MEILÁN GIL, José Luis. *Progreso tecnológico y servicios públicos.* Madri: Civitas: 2006.

MEIRELLES TEIXEIRA, José Horácio. *Curso de Direito Constitucional*, 2ª ed. Florianópolis: Conceito Editorial, 2011.

MELLO, Célia Cunha. *O fomento da Administração Pública.* Belo Horizonte: Del Rey, 2003.

MELLO, Rafael Munhoz de. Atividade de fomento e o princípio da isonomia. *In:* SPARAPANI, Priscilia; ADRI, Renata Porto (Coord.). *Intervenção do Estado no domínio econômico e no domínio social: homenagem ao Professor Celso Antônio Bandeira de Mello.* Belo Horizonte: Fórum, 2010.

MELO, Mônica de. O Estado laico e a defesa dos direitos fundamentais: democracia, liberdade de crença e consciência e o direito à vida. *In: Caderno de soluções constitucionais*, vol. 2. São Paulo: Malheiros, 2006.

MENDONÇA, José Vicente de. *Direito Constitucional Econômico: a intervenção do Estado na economia à luz da razão pública e do pragmatismo.* Belo Horizonte: Fórum, 2014.

MENEZES DE ALMEIDA, Fernanda Dias. *Competências na Constituição de 1988*, 6ª ed. São Paulo: Atlas, 2013.

MENEZES DE ALMEIDA, Fernando Dias. *Contrato administrativo.* São Paulo: Quartier Latin, 2012.

REFERÊNCIAS BIBLIOGRÁFICAS

MERKL, Adolfo. *Teoría general del Derecho Administrativo*. Granada: Comares, 2004.

MESSINEO, Francesco. *Il contrato in genere*, t. I. Milão: Giuffrè, 1973.

MODERNE, Franck. Existe-t-il un principe de subsidiarité fonctionnelle? (à propos des rapports entre initiative économique publique et initiative économique privée dans les Etats européens), *Revue Française de Droit Administratif*, 2011, p. 563.

MONTEIRO, Vera. Concessão e prévia autorização legislativa: STF e TJSP têm algo a dizer. *In:* VALIM, Rafael; DAL POZZO, Augusto Neves; AURÉLIO, Bruno; FREIRE, André Luiz (Coord.). *Parcerias público-privadas: teoria geral e aplicação nos setores de infraestrutura*. São Paulo: Fórum, 2014.

MONTI, Laura Mercedes; TAWIL, Guido Santiago. *La motivación del acto administrativo*. Buenos Aires: Depalma, 1998.

MOREIRA, Vital. *A ordem jurídica do capitalismo*, 3ª ed. Coimbra: Centelho, 1978.

MORENO, Beatriz González. *El Estado Social: naturaliza jurídica y estructura de los derechos sociales*. Madri: Civitas, 2002.

MORENO, Fernando Díez. *El Estado Social*. Madri: CEPC, 2004.

MUÑOZ, Jaime Rodríguez-Arana. *Cuatro estudios de Derecho Administrativo Europeo*. Granada: Editorial Comares, 1999.

_____. *Derecho Administrativo y Constitución*. Granada: CEMCI, 2000.

_____. *Direito fundamental à boa administração pública*. Belo Horizonte: Fórum, 2012.

MUÑOZ MACHADO, Santiago. *Tratado de Derecho Administrativo y Derecho Público general*, t. IV. Madri: Iustel, 2011.

_____. *Servicio público y mercado*, t. I. Madri: Civitas, 1998.

NIEVES BORREGO, Julio. Estudio sistemático y consideración jurídico-administrativa de la subvención, *Revista de Administración Pública*, 42:17-120.

NOHARA, Irene Patrícia; MARRARA, Thiago. *Processo administrativo: Lei n. 9.784/99 comentada*. São Paulo: Atlas, 2009.

_____. *O motivo no ato administrativo*. São Paulo: Atlas, 2004.

_____; MORAES FILHO, Marco Antonio *Praxedes de* (Coord.). *Processo administrativo: temas polêmicos da Lei n. 9.784/99*. São Paulo: Atlas, 2011.

NUNES JÚNIOR, Vidal Serrano. *A cidadania social na Constituição de 1988: estratégias de positivação e exigibilidade dos direitos sociais*. São Paulo: Verbatim, 2009.

OLIVEIRA, José Roberto Pimenta. *Os princípios da razoabilidade e da proporcionalidade no Direito Administrativo Brasileiro*. São Paulo: Malheiros, 2006.

_____. *Improbidade administrativa e sua autonomia constitucional*. Belo Horizonte: Fórum, 2009.

OLIVEIRA, Regis Fernandes de. *Curso de Direito Financeiro*, 6ª ed. São Paulo: RT, 2014.

OTERO, Paulo. *Legalidade e Administração Pública: o sentido da vinculação administrativa à juridicidade*. Coimbra: Almedina, 2007.

PANTOJA BAUZÁ, Rolando (coord.). *Derecho Administrativo Chileno*. Cidade do México: Porrúa, 2007.

PARADA, Ramón. *Derecho Administrativo*, vol. I, 15ª ed. Madri: Marcial Pons, 2004.

PASCUAL GARCÍA, José. *Régimen jurídico de las subvenciones* públicas. Madri: BOE, 1996.

PENTEADO, Luciano de Camargo. *Doação com encargo e causa contratual: uma nova teoria do contrato*, 2ª ed. São Paulo: RT, 2013.

PERICU, Giuseppe. *Le sovvenzioni come strumento di azione amministrativa, v. I*, Milão: Giuffrè, 1967.

_____. *Le sovvenzioni come strumento di azione amministrativa, v. II*, Milão: Giuffrè, 1971.

_____; CROCI, Enrica. Sovvenzioni (diritto amministrativo), *Enciclopedia del Diritto*. Milão: Giuffré, 1990.

PESSOA, João Paulo. O procedimento de acesso à informação pública previsto na Lei n. 12.527/2011. *In:* VALIM, Rafael; MALHEIROS, Antonio Carlos;

REFERÊNCIAS BIBLIOGRÁFICAS

BACARIÇA, Josephina (*in memoriam*) (Coord.). *Acesso à informação pública*. Belo Horizonte: Fórum, 2014.

PETIAN, Angélica. *O regime jurídico dos processos ampliativos e restritivos de direitos*. São Paulo: Malheiros, 2010.

PONTES DE MIRANDA, Franscisco Cavalcanti. *Comentários à Constituição de 1967: com a emenda n. 1 de 1969*, 3ª ed. Rio de Janeiro: Forense, 1987.

PORTA, Marcos. *Processo administrativo e o devido processo legal*. São Paulo: Quartier Latin, 2003.

POTOTSCHNIG, Umberto. *I pubblici servizi*. Padova: Cedam, 1964.

PUIGPELAT, Oriol Mir. *Globalización, Estado y Derecho: las transformaciones recientes del Derecho Administrativo*. Madri: Civitas, 2004.

QUEIROZ, Cristina. *O principio da não reversibilidade dos direitos fundamentais sociais: princípios dogmáticos e prática jurisprudencial*. Coimbra: Coimbra Editora, 2006.

REALE, Miguel. *O Estado Democrático de Direito e o conflito de ideologias*, 3ª ed. São Paulo: Saraiva, 2005.

_____. *Nova fase do direito moderno*, 2ª ed. São Paulo: Saraiva, 1998.

REBOUÇAS, André. *Garantia de juros: estudos para sua aplicação às emprezas de utilidade pública no Brazil*. Rio de Janeiro: Tipographia Nacional, 1874.

REGULES, Luis Eduardo Patrone. *Terceiro Setor: regime jurídico das OSCIPs*. São Paulo: Método, 2006.

_____. A atividade administrativa de fomento e a segurança jurídica. *In:* VALIM, Rafael; OLIVEIRA, José Roberto Pimenta; DAL POZZO, Augusto Neves (Coord.). *Tratado sobre o princípio da segurança jurídica no Direito Administrativo*. Belo Horizonte: Fórum, 2013.

_____. A Lei n. 12.527/2011 e as entidades do terceiro setor. *In:* VALIM, Rafael; MALHEIROS, Antonio Carlos; BACARIÇA, Josephina (*in memoriam*) (Coord.). *Acesso à informação pública*. Belo Horizonte: Fórum, 2014.

REICH, Norbert. *Mercado y derecho*. Barcelona: Ariel, 1985.

RENDERS, David (org.) *Les subventions*. Bruxelas: Larcier, 2011.

RESENDE, Augusto César Leite de; Gabardo, Emerson. A atividade administrativa de fomento na gestão integrada de resíduos sólidos em perspectiva com o desenvolvimento sustentável. *A&C – Revista de Direito Administrativo & Constitucional*, Belo Horizonte, ano 13, n. 53, jul./set. 2013. Disponível em: <http://bid.editoraforum.com.br/bid/PDI0006. aspx?pdiCntd=97394>. Acesso em: 4 mar. 2014.

RIBEIRO, Luís Paulo Aliende. *Regulação da função pública notarial e de registro*. São Paulo: Saraiva, 2009.

RIBEIRO, Mauricio Portugal; PRADO, Lucas Navarro. *Comentários à lei de PPP – Parceria Público-Privada: fundamentos econômicos-jurídicos*. São Paulo: Malheiros, 2010.

RIBEIRO BASTOS, Celso. *Comentários à Constituição de 1988*, vol. 2, São Paulo: Saraiva, 1989.

RICHER, Laurent. *Droit des contrats administratifs*, 7ª ed. Paris: LGDJ, 2010.

RIVAS, Juan Carlos Flores. Concepto y naturaleza de la subvención en el Derecho chileno. El caso de la concesión de obra pública, *Revista de Derecho de la Pontificia Universidad Católica de Valparaíso*, XXXVII, 329-367.

RIVERO, Jean. *Direito Admininistrativo*. Coimbra: Almedina, 1981.

RIVERO ORTEGA, Ricardo. *Derecho administrativo económico*, 5ª ed. Madri: Marcial Pons, 2009.

ROCHA, Cármen Lúcia Antunes. Princípios constitucionais do processo administrativo no Direito brasileiro, *Revista Trimestral de Direito Público*, 17:5-33.

ROCHA, Silvio Luis Ferreira da. *Terceiro Setor*, 2ª ed. São Paulo: Malheiros, 2006.

_____. *Direito civil – 2: obrigações*. São Paulo: Malheiros, 2010.

_____. *Manual de Direito Administrativo*. São Paulo: Malheiros, 2013.

RODRIGUEZ, Federico. Seguridad jurídica y política social, *Revista de Administración Pública*, 6: 213-219.

ROMANO, Santi. *Frammenti di un dizionario giuridico*. Milão: Giuffrè, 1983.

REFERÊNCIAS BIBLIOGRÁFICAS

ROMERO, César Enrique. Constitución y ideologia: apuntes para una reforma. *Revista de estudios políticos*, n. 198, 1974.

SANAGUSTÍN, Mario Garcés; OLMEDA, Alberto Palomar (Coord.). *Derecho de las subvenciones y ayudas públicas*. Madri: Arazandi, 2011.

SÁNCHEZ, Ramón Barba. El régimen jurídico de los premios. *In:* SANAGUSTÍN, Mario Garcés; OLMEDA, Alberto Palomar (Coord.). *Derecho de las subvenciones y ayudas públicas*. Madri: Arazandi, 2011.

SANDULLI, Aldo M. *Manuale di Diritto Amministrativo*, 7ª ed. Napoli: Casa Editrice Dott. Eugenio Jovene, 1962.

SANTAMARÍA PASTOR, Juan Alfonso. *Princípios de Derecho Administrativo general*, vol. II, 2ª ed. Madri: Iustel, 2009.

SANTOFÍMIO GAMBOA, Jaime Orlando. *Tratado de Derecho Administrativo*, t. I, 3ª ed. Bogotá: Universidad Externado de Colombia, 2007.

_____. *La fuerza de los precedentes administrativos en el sistema jurídico del Derecho positivo colombiano*. Bogotá: Universidad Externado de Colombia, 2010.

SANTOS, Milton. *Por uma outra globalização: do pensamento único à consciência universal*, 15ª ed. São Paulo: Record, 2008.

SANTOS DE ARAGÃO, Alexandre. *Direito dos serviços públicos*, 3ª ed. Rio de Janeiro: Forense, 2013.

SARLET, Ingo Wolfgang. *A eficácia dos direitos fundamentais: uma teoria geral dos direitos fundamentais na perspectiva constitucional*, 11ª ed. Porto Alegre: Livraria do Advogado, 2012.

SCADUTO, G. *I debiti pecuniari e il deprezzamento monetario*. Milão: 1924.

SCAFF, Fernando Facury; COUTINHO DA SILVEIRA, Alexandre. Incentivos fiscais na federação brasileira. *In*: MACHADO, Hugo de Brito (Coord.). *Regime jurídico dos incentivos fiscais*. São Paulo: Malheiros, 2015.

SCHMIDT-ASSMANN, Eberhard. *La teoría general del derecho administrativo como sistema: objetos y fundamentos de la construcción sistemática*. Madri: Marcial Pons, 2003.

SCHOUERI, Luís Eduardo. *Normas tributárias indutoras e intervenção econômica*. Rio de Janeiro, Forense, 2005.

RAFAEL VALIM

SCHWIND, Rafael Wallbach. *Remuneração do concessionário: concessões comuns e parcerias público-privadas.* Belo Horizonte: Fórum, 2010.

_____. Contraprestação pública nos contratos de PPP: natureza jurídica, momento de disponibilização e a figura do aporte de recursos. *Revista de Contratos Públicos – RCP*, Belo Horizonte, ano 3, n. 3, mar./ago. 2013.

SESMA SÁNCHEZ, Begoña. *Las subvenciones públicas.* Valladolid: Lex Nova, 1998.

_____. El concepto jurídico de subvención y ayuda pública: alcance de la noción de fomento y promoción. *In:* SANAGUSTÍN, Mario Garcés; OLMEDA, Alberto Palomar (Coord.). *Derecho de las subvenciones y ayudas públicas.* Madri: Arazandi, 2011.

SOUTO, Marcos Juruena Vilela. *Aspectos jurídicos do planejamento econômico*, 2ª ed. Rio de Janeiro: Lumen Juris, 2000.

SOUZA NETO, Cláudio Pereira de; MENDONÇA, José Vicente Santos de. Fundamentalização e fundamentalismo na interpretação do princípio constitucional da livre iniciativa. *In:* SOUZA NETO, Cláudio Pereira de; SARMENTO, Daniel (Coord.). *A constitucionalização do Direito: fundamentos teóricos e aplicações específicas.* Rio de Janeiro: Lumen Juris, 2007.

SPARAPANI, Priscilia; ADRI, Renata Porto (coords.) *Intervenção do Estado no domínio econômico e no domínio social: homenagem ao Professor Celso Antônio Bandeira de Mello.* Belo Horizonte: Fórum, 2010.

STEBUT, Dietrich Von. Subsidies as an instrument of economic policy. *In:* DAINTITH, Terence (Coord.). *Law as an instrument of economic policy: comparative and critical approaches.* Berlim: De Gruyter, 1987.

STOBER, Rolf. *Direito administrativo econômico geral.* São Paulo: Saraiva, 2012.

STOPPINO, Mario. Ideologia. *In:* BOBBIO, Norberto; MATTEUCCI, Nicola; PASQUINO, Gianfranco. *Dicionário de Política*, vol. I, 13ª ed. Brasília: Editora Universidade de Brasília, 2010.

SUNDFELD, Carlos Ari. *Licitação e contrato administrativo: de acordo com as Leis 8.666/93 e 8.883/94*, 2ª ed. São Paulo: Malheiros, 1995.

_____. *Direito Administrativo Ordenador.* São Paulo: Malheiros, 2003.

REFERÊNCIAS BIBLIOGRÁFICAS

_____. Processo e procedimento administrativo no Brasil. *In:* SUNDFELD, Carlos Ari; MUÑOZ, Guillermo Andrés (Coord.). *As leis de processo administrativo: Lei Federal 9.784/99 e Lei Paulista 10.177/98.* São Paulo: Malheiros, 2006.

_____. Procedimentos administrativos de competição. *Revista de Direito Público*, 83: 114-119.

TALAMINI, Daniele Coutinho. *Revogação do ato administrativo.* São Paulo: Malheiros, 2002.

TAWIL, Guido Santiago; MONTI, Laura Mercedes. *La motivación del acto administrativo.* Buenos Aires: Depalma, 1998.

TEIXEIRA FERREIRA, Luiz Tarcísio. Princípios do processo administrativo e a importância do processo administrativo no Estado de Direito. *In:* FIGUEIREDO, Lúcia Valle (Coord.). *Comentários à lei federal de processo administrativo:* Lei n. 9.784/99. Belo Horizonte: Fórum, 2004.

_____. *Parcerias público-privadas: aspectos constitucionais.* Belo Horizonte: Fórum, 2006.

TERÁN, Juan Manuel. *Filosofía del Derecho*, 19ª ed. Cidade do México: Porrúa, 2007.

TORRES, Heleno Taveira. *Direito Constitucional Tributário e segurança jurídica*, 2ª ed. São Paulo: RT, 2012.

_____. *Direito Constitucional Financeiro: teoria da Constituição Financeira.* São Paulo: RT, 2014.

TORRES, Silvia Faber. *O princípio da subsidiariedade no Direito Público contemporâneo.* Rio de Janeiro: Renovar, 2001.

TOSI, Gilbert. Evolution du service public et principe de subsidiarité. *Revue Française d'Economie*, 21: 3-36.

VALIM, Rafael. *O princípio da segurança jurídica no Direito Administrativo brasileiro.* São Paulo: Malheiros, 2010.

_____. Apontamentos sobre os direitos sociais. *In:* MALHEIROS, Antonio Carlos; BACARIÇA, Josephina; VALIM, Rafael (Coord.). *Direitos humanos: desafios e perspectivas.* Belo Horizonte: Fórum, 2011.

_____. Notas sobre o financiamento e a remuneração de concessões comuns e de parcerias público-privadas. *Revista Brasileira de Infraestrutura – RBINF*, 1:121-134.

_____; VALIM, Rafael. Normas gerais. Sentido e alcance. Ouvidorias. *Revista Trimestral de Direito Público*, 57: 202-209.

_____; SERRANO, Pedro. Lei de acesso à informação pública: um balanço inicial. *Le Monde Diplomatique Brasil*, ed. 62, ago. 2012.

_____. Governabilidade e direitos fundamentais. *In:* BACELLAR FILHO, Romeu Felipe; HACHEM, Daniel Wunder (Coord.). Direito *Público no Mercosul: intervenção estatal, direitos fundamentais e sustentabilidade.* Belo Horizonte: Fórum, 2013.

_____; OLIVEIRA, José Roberto Pimenta; DAL POZZO, Augusto Neves (Coord.). *Tratado sobre o princípio da segurança jurídica no Direito Administrativo.* Belo Horizonte: Fórum, 2013.

_____. La contratación pública sostenible en Brasil. *In:* MUÑOZ, Jaime Rodríguez-Arana; PÉREZ, Marta García (Coord.). *Reforma del Estado y transformación del Derecho Administrativo.* Madri: Bubok Publishing, 2014.

_____. Panorama do controle da Administração Pública. *In:* DALLARI, Adilson Abreu; VALDER DO NASCIMENTO, Carlos; MARTINS, Ives Gandra da Silva (Coord.). *Tratado de Direito Administrativo, vol. I.* São Paulo: Saraiva, 2013.

_____; DAL POZZO, Augusto Neves; AURÉLIO, Bruno; FREIRE, André Luiz (Coord.). *Parcerias Público-Privadas: teoria geral e aplicação nos setores de infraestrutura.* Belo Horizonte: Fórum, 2014.

_____; MARINHO DE CARVALHO, Gustavo. O caráter subsidiário das parcerias público-privadas. *In:* DAL POZZO, Augusto Neves; AURÉLIO, Bruno; FREIRE, André Luiz (Coord.). *Parcerias Público-Privadas: teoria geral e aplicação nos setores de infraestrutura.* Belo Horizonte: Fórum, 2014.

_____. O direito fundamental de acesso à informação pública. *In:* VALIM, Rafael; MALHEIROS, Antonio Carlos; BACARIÇA, Josephina (*in memoriam*) (Coord.). *Acesso à informação pública.* Belo Horizonte: Fórum, 2014.

REFERÊNCIAS BIBLIOGRÁFICAS

VALLE FIGUEIREDO. *Curso de Direito Administrativo*, 8ª ed. São Paulo: Malheiros, 2006.

_____. A atividade de fomento e a responsabilidade estatal. *In:* FREITAS, Juarez (Coord.) *Responsabilidade Civil do Estado.* São Paulo: Malheiros, 2006.

_____. Estado de Direito e devido processo legal. *Revista Trimestral de Direito Público*, 15: 35-44.

VILANOVA, Lourival. *Estruturas lógicas e o sistema do direito positivo.* São Paulo: Noeses, 2005.

_____. Sobre o conceito do Direito. *In: Estudos jurídicos e filosóficos*, vol. I. São Paulo: Axis Mundi/IBET, 2003.

_____. *Causalidade e relação no Direito*, 4ª ed. São Paulo: RT, 2000.

VILLAR PALASÍ, José Luis. Las técnicas administrativas del fomento y de apoyo al precio político, *Revista de Administración Pública*, 14: 11-122.

_____. La actividad industrial del Estado en el derecho administrativo, *Revista de Administración Pública*, 3:53-130.

VILLEGAS, Héctor. *Curso de Direito Tributário.* São Paulo: RT, 1980.

VIOLIN, Tarso Cabral. *Terceiro setor e as parcerias com a Administração Pública: uma análise crítica*, 2ª ed. Belo Horizonte: Fórum, 2010.

VIRGA, Pietro. *Il provedimento amministrativo*, 3ª ed. Milão: Giuffrè, 1968.

VISCONDE DO URUGUAI. *Ensaio sobre o Direito Administrativo*, t. I. Rio de Janeiro: Typographia Nacional, 1862.

WALINE, Marcel. *Traité Élémentaire de Droit Administratif*, 5ª ed. Paris: Recueil Sirey, 1950.

WOLFF, Hans J.; BACHOF, Otto; STOBER, Rolf. *Direito Administrativo*, vol. I. Lisboa: Fundação Calouste Gulbenkian, 2006.

ZANCHIM, Kleber Luiz. Da despesa. *In:* CONTI, José Maurício (Coord.). *Orçamentos públicos: a Lei 4.320/1964 comentada*, 3ª ed. São Paulo: RT, 2014.

ZANELLA DI PIETRO, Maria Sylvia. *Direito Administrativo*, 27ª ed. São Paulo: Atlas, 2014.

RAFAEL VALIM

_____. *Parcerias na Administração Pública: concessão, permissão, franquia, terceirização, parceria público-privada e outras formas*, 8ª ed. São Paulo: Atlas, 2011.

_____. A lei de processo administrativo: sua ideia matriz e âmbito de aplicação. *In:* NOHARA, Irene; MORAES FILHO, Marco Antonio *Praxedes de* (Coord.). *Processo administrativo: temas polêmicos da Lei n. 9.784/99*. São Paulo: Atlas, 2011.

_____. (Coord.). *Direito privado administrativo*. São Paulo: Atlas, 2013.

_____. Arts. 18 a 28. *In:* MARTINS, Ives Gandra da Silva; VALDER DO NASCIMENTO, Carlos (Coord.). *Comentários à Lei de Responsabilidade Fiscal*, 7ª ed. São Paulo: Saraiva, 2014.

ZOCKUN, Carolina Zancaner. *Da intervenção do Estado no domínio social*. São Paulo: Malheiros, 2009.

ZOCKUN, Maurício. *Regime jurídico da obrigação tributária acessória*. São Paulo: Malheiros, 2005.

NOTAS

NOTAS

NOTAS

NOTAS